리더의 53가지 질문

리더의 53가지 질문

발행일　2025년 7월 7일

지은이　최치호
펴낸이　손형국
펴낸곳　(주)북랩
편집인　선일영　　　　　　　　　편집　김현아, 배진용, 김다빈, 김부경
디자인　이현수, 김민하, 임진형, 안유경　제작　박기성, 구성우, 이창영, 배상진
마케팅　김회란, 박진관
출판등록　2004. 12. 1(제2012-000051호)
주소　서울특별시 금천구 가산디지털 1로 168, 우림라이온스밸리 B동 B111호, B113~115호
홈페이지　www.book.co.kr
전화번호　(02)2026-5777　　　　　　　팩스　(02)3159-9637

ISBN　979-11-7224-722-5 03320 (종이책)　　979-11-7224-723-2 05320 (전자책)

잘못된 책은 구입한 곳에서 교환해드립니다.
이 책은 저작권법에 따라 보호받는 저작물이므로 무단 전재와 복제를 금합니다.
이 책은 (주)북랩이 보유한 리코 장비로 인쇄되었습니다.

> **(주)북랩** 성공출판의 파트너
>
> 북랩 홈페이지와 패밀리 사이트에서 다양한 출판 솔루션을 만나 보세요!
>
> 홈페이지 book.co.kr　•　블로그 blog.naver.com/essaybook　•　출판문의 text@book.co.kr

> 작가 연락처 문의 ▶ ask.book.co.kr
>
> 작가 연락처는 개인정보이므로 북랩에서 알려드릴 수 없습니다.

리더의 53가지 질문

리더십 인사이트 그리고
리노베이션

최치호 지음

북랩

| 프롤로그 |

　2014년, 『버전 3.0 업그레이드 프로젝트』라는 책을 출간하였습니다. 부제는 'IT 핵심 인재의 The SECRET'으로, 새로운 직장으로 이직하면서 직원들을 대상으로 진행하였던 여러 코칭 세션의 자료들을 편집하여 읽기 쉽게 써 내려간 글이었습니다.

　10여 년이 지난 지금 수십 명이 근무하는 조직을 관리하는 조직장으로서 업무에 대한 이해를 바탕으로 프로젝트 진행, 이슈 및 리스크 관리, 인적자원 관리 등 다양한 업무를 수행하고 있지만 가장 많이 생각하고 고민한 것은 '리더란 무엇인가', '왜 리더가 필요한가', '리더라면 무엇을 해야 하는가'에 대해 근본적인 질문을 많이 하였던 것 같습니다. 관련하여 유명 저자들의 책을 읽고 유튜브 강의를 들으면서 그 해답을 찾으려고 노력하였지만, 위 질문에 대한 명확한 답을 찾지는 못했던 것 같습니다. 어쩌면 명확한 답이 없는 주제를 가지고 고민하지 않았나 하는 생각도 듭니다.

한가지 찾은 답은, 리더 혹은 리더십은 일반화하거나 보편적인 지식으로 정의할 수 있는 그런 부류의 주제가 아닌 것 같다는 결론을 얻을 수 있었습니다. 많은 자리에서 흔한 이야기의 주제가 되고 있는 'MBTI'에서도 서로 차별되는 16개 유형의 사람들이 존재합니다. 여기에서 더 세부적인 성향과 성격을 세분화하면 수십 가지가 될 것입니다. 또한 회사가 처한 상황과 환경에 따라 리더십 역시 달라질 수 있으며 360도 관점에서 보는 리더십의 정의 또한 달라질 수 있습니다. 결국 수십, 수백의 리더십 유형이 있을 수 있다는 이야기이며 이를 하나의 정형화된 내용으로 정리하는 것도 어쩌면 맞지 않을 수도 있습니다.

하지만 우리는 훌륭한 리더와 그렇지 않은 리더의 대략적인 모습을 머릿속으로 충분히 상상할 수 있습니다. 우리가 몸담고 있는 조직을 보더라도 인정을 받으면서 훌륭한 리더의 표본이 되는 분이 있는가 하면 그렇지 않은 분들도 많습니다. 그렇다면 누구나 인정하는, 혹은 롤 모델로 삼고 싶은 리더의 공통점과 개인 자신의 성향과 성격을 조화롭게 만들어갈 수 있는 리더십은 무엇일지 생각해볼 수 있을 것 같습니다.

본 책은 담당하고 있는 조직 내 팀장님들을 대상으로 주간회의 마지막에 10여 분 정도 리더십에 대한 생각들을 정리하여 이야기한 내용을 통합, 편집한 내용입니다. 책 부제에 '인사이트'라는 용어가 들어가 있습니다. '인사이트'는 '통찰력' 정도로 번역될 수 있습니다. 통찰력이란 우리가 회사에서 업무를 수행하거나 삶을 살아가는 데 엄청난 힘을 발휘합니다. 업무 효율성을 증대시킬 수 있으며, 특히 당면한 큰 리스크를 관리하는 데 엄청난 힘을 발휘합니다. 다만 우리의 경험만으로는 이러한 인사이트를 얻는 데 한계가 있을 수 있습니다. 보통 우리의 경험이란 우리가 보고, 듣고, 겪은 부분에만 한정되기 때문입니다. 우리가 진정한 인사이트를 얻기 위해서는 본인의 소중한 경험 위에 추가적인 지식 습득이 필수적입니다. 더욱더 중요한 부분은 리더십에 대한 본인만의 고민과 생각입니다. 생각하려는 의지가 없으면 우리는 우리 뇌의 90% 이상을 담당하는 무의식의 세계에 어떠한 숙제도 줄 수 없습니다. 일 잘하는 무의식이 숙제를 하지 못하니, 그 성과 또한 미진할 것입니다. 리더십뿐만 아니라 어떤 영역에서든 통찰력을 얻기 위해서는 경험, 추가적인 지식, 그리고 이에 대한 생각과 고민이 어우러질 때 힘 있는 통찰력을 만들어낼 수 있으리라 생각됩니다.

혁신(Innovation)이라는 말은 하루에도 수십 번 들을 수 있는 보편화된 용어이며, 프로세스 혁신 프로젝트를 오랜 시간 경험한 필자로서도 매력적인 책 제목이 될 수 있을 거라고 생각합니다. 다만 리더십 관련해서는 혁신이라는 용어가 다소 어울리지 않는다고 생각합니다. 리더도 결국 사람이며, 리더십 역시 리더의 성격이나 성향에 상당한 영향을 받을 수밖에 없습니다. 사람의 성격이나 성향 등은 그리 쉽게 변할 수 있는 부분이 아닙니다. 사람은 고쳐 쓰는 것이 아니라는 말을 자주 하기도 합니다. 하지만 변화하지 않을 수는 없습니다. 따라서 리더십 관련하여 갑작스런 변화 혹은 혁신보다는 개인의 성격과 성향을 충분히 감안한 상태에서 점진적인 변화를 통해 지속적인 개선을 의미하는 리노베이션(Renovation)이라는 용어가 더 어울리는 것 같습니다. 리더십에 대한 지속적인 고민과 자극을 통한 인사이트 개발, 그리고 지속적으로 리노베이션을 추구하는 것이 본 책의 핵심인 것 같습니다.

본 책은 한 명 이상의 직원을 대하는 팀장, 혹은 미래의 리더가 손쉽게 읽을 수 있는 책입니다. 주로 30대 말에서 40대의 리더급을 대상으로 정리하였습니다. 각 장의 주제는 보편적인 질문에 답변으로 정리하는 형식을 취해보았습니다. 많은 리더분들이 현실에서 경험하며 고민하고 있는 내용과 관련 궁금중에 대한 필자의 생각을 정리하는 구성으로 책을 꾸며보았습니다.

다만 한 가지 주의할 점은, 책에서 언급한 필자의 생각에 만족하는 리더는 이 세상 어디에도 없습니다. 필자 역시 생각을 정리했을 뿐, 이를 생각하고 실천하는 데에는 여러 한계를 겪고 있습니다. 본인만의 리더십을 만들어나가는 과정에 있어 필자의 여러 생각들 중 한두 개만이라도 도움이 될 수 있는 부분이 있다면 저자로서 큰 영광이라 생각합니다. 필자가 IT 영역에 몸담고 있어 가끔 기술적인 부분이 언급되나, 그리 어려운 부분은 아니라고 생각합니다. 아무쪼록 본인만의 리더십 인사이트를 지속적으로 개선하고 만들어 가는 데 조그마한 도움이 되기를 진심으로 바라며, 그래도 리더라고 좋든 싫든 따라주는 저희 직원분들 모두에게 이 책을 바칩니다.

2025년 7월

최치호

※ 이 책에 사용된 이미지는 Adobe™의 이미지 생성 AI인 'Firefly'에서 개별 프롬프트(Prompt)에 의해 생성된 이미지임을 밝힙니다.

차례

프롤로그　　　　　　　　　　　　　　　　　　　　　5

제1장
자신을 돌아보는 리더의 살아 있는 생각들

0.	제1장 서문	17
1.	왜 사람들이 나같이 생각하고 일을 하지 않는 것일까요?	20
2.	나도 이제 리더인데 좀 편하게 일하고 싶습니다	23
3.	새로운 일을 하기가 두렵기도 하고 이제 좀 귀찮기도 합니다	27
4.	나는 내 생각이 맞다고 생각합니다	30
5.	갈수록 스트레스 빈도 및 강도가 커집니다	33
6.	지금도 굳이 더 배우려고 노력해야 할까요?	36
7.	과연 내가 좋은 습관을 만들어가고 있을까요?	40
8.	나는 어떤 리더가 될 수 있을까요?	44
9.	제가 리더의 그릇을 가지고 있는지 모르겠습니다	47
10.	리더로서 가장 많이 해야 하는 말은 무엇일까요?	49
11.	직원들이 저를 좋아하지 않는 것 같습니다	51
12.	변해야 한다는 말이 잘 실감나지 않습니다	54
13.	과연 제가 전문가일까요?	57
14.	리더라는 일이 적성에 맞지 않는 것 같습니다	60
15.	리더's 컬럼: 인생의 사계절	63

제2장
갈등을 협력으로 바꾸는 리더의 따뜻한 생각들

0.	제2장 서문	69
1.	다 좋게 지내고 싶은데 갈등이 심화되는 상황에 리더로서 어떻게 해야 할까요?	71
2.	좋은 인간관계를 맺기가 생각보다 어렵습니다	77
3.	제 편이 그리 많지 않은 것 같습니다	80
4.	갈등을 효율적으로 잘 해결할 수 있는 방법이 있을까요?	83
5.	화목하고 따듯한 기업에서 일하고 싶습니다	87
6.	스트레스로 머리뿐만 아니라 이제 몸까지 아픕니다	90
7.	혼자 일하는 게 훨씬 편할 때가 많습니다	93
8.	제가 어디까지 참고 노력해야 하나요?	95
9.	다른 부서와 다투기도 하고 협업이 잘 되지 않습니다	99
10.	리더's 컬럼: 미래의 직업	101

제3장
조직을 살리는 리더의 건강한 생각들

0.	제3장 서문	109
1.	제가 회사를 떠난 뒤 누군가가 나를 한 번이라도 생각할까요?	111
2.	그런데 정말 리더가 꼭 필요할까요?	114
3.	다른 리더들과 차별화된 리더가 되고 싶습니다	118
4.	제가 당장 리더로서 해야 할 일이 무엇인가요?	122
5.	단순한 질문인데, 팀(**Team**)이 정확히 무엇인가요?	126
6.	사람들은 하나도 손해 보려고 하지 않고 희생만 강요합니다	129
7.	일을 추진하는 데 현재까지의 경험으로도 충분한 것 같은데요?	132
8.	리더로서 제가 모든 책임을 져야 하나요?	135
9.	리더에서 한 단계 위의 리더가 될 수 있을까요?	137
10.	우리는 살아 있는 것 자체가 기적입니다	139
11.	하고 싶은 것도 많고 행복해지고 싶습니다	141
12.	전 제 팀원의 좋은 점들이 잘 보이지 않습니다	144
13.	리드(**Lead**)와 리더(**Leader**)는 무엇이 다를까요?	147
14.	미래의 자신이 본인에게 이야기한다면 무슨 말을 할까요?	149
15.	리더's 컬럼: 셀프 레버리지(**Leverage**) 효과	152

제4장
더욱 빛나게 만드는 리더의 리더십 기술

0.	제4장 서문	159
1.	직원들이 의욕을 보이지 않고 시키는 일도 하지 않으려고 합니다	161
2.	빠른 결정을 내리기가 두렵고 어렵습니다	164
3.	현 상황을 유지하기도 힘든데 어떤 방법이 없을까요?	168
4.	리스크는 어느 정도 지는 것이 좋을까요?	172
5.	팀 전체가 번아웃 상태입니다	175
6.	남을 설득하기가 그리 쉬운 일이 아닌 것 같습니다	179
7.	과연 리스크를 지는 것이 바람직할까요?	182
8.	나는 팀원 말에 동의할 수 없습니다	185
9.	일 잘하는 사람은 어떤 사람인가요?	187
10.	리더의 반은 커뮤니케이션입니다	189
11.	왜 모든 팀원들이 전부 좋은 성과를 내지 못하는 것일까요?	193
12.	리더's 컬럼: 인재의 양극화	196
13.	리더's 컬럼: 넛지(**Nudge**)의 리더십?	200

제1장

자신을 돌아보는 리더의 살아 있는 생각들

0.
제1장 서문

　서점과 인터넷, 특히 각종 유튜브 채널에는 리더 혹은 리더십과 관련된 정보가 넘쳐나고 있습니다. 기존에 텍스트 기반으로 정보를 습득하던 시대를 지나, 이제는 영상과 같은 각종 시청각 자료가 같이 제공되어 그 어느 때보다 쉽게 자료에 접근할 수 있고 내용을 이해하기도 한층 더 쉬워지고 있습니다. 특히 단방향의 정보 취득이 아니라 이제 원하는 자료를 얻을 때까지 대화 형식으로 진행하는 생성형 AI 발전도 가속화되고 있습니다.
　넘쳐나는 정보의 홍수 속에서 원하는 정보와 자료를 찾는 것은 과거와 비교하여 상대적으로 쉬워졌습니다. 다만 이를 소화하고 실제 적용하면서 개인의 리더십을 발전시킬 수 있는 경우는 얼마나 될지는 의문입니다. 기술적인 리더십을 강조하는 경우도 있으며, 다른 한편으로는 리더의 정신적인 면을 강조하는 경우도 많습니다. 이러한 정보들은 분명 리더십을 개발하고 실제로 조직을 운영하는 데 적지 않은 도움이 될 것이라 생각합니다.

다만 그러한 자료와 정보들은 리더십 개발에 있어 실행의 도구보다는 하나의 촉매제 역할을 해야 합니다. 그러한 정보들의 역할은 리더가 리더십에 대해 한번 진지하게 생각해볼 수 있는 촉매제입니다. 리더들은 개인적으로 많은 고민을 하고 자신을 돌아보면서 끊임없이 개발하여 본인만의 리더십 스타일을 만드는 것이 중요합니다. 길을 걷는 시간이든, 차에 있는 시간이든, 어떤 순간이라도 리더 혹은 리더십이 무엇인가에 대해 생각과 고민을 습관화해야 합니다.

우리가 의식 세계에서 생각하고 고민하는 것들에 대해서는 우리 뇌가 당장 답을 내어놓지 못하는 경우가 많습니다. 이러한 생각들이 가장 좋은 성능을 보여주는 무의식의 세계로 넘어가게 되며, 빠르면 몇 분, 늦어도 며칠 있으면 그 고민과 생각에 대한 답을 내어놓게 됩니다. 우리에게 갑자기 떠오르는 생각이나 아이디어들은 우리의 무의식이 숙제를 마치고 의식 세계에 답을 던져준 경우입니다. 따라서 어떠한 고민과 생각이 없다면 우리는 무한한 가능성이 있는 무의식의 세계를 전혀 활용하고 있지 못하는 것이 됩니다. 본

장에는 리더로서 한 번쯤은 고민해보았을 내용들을 간략하게 정리했습니다. 여러 리더분들께 여러 고민을 위한 의식의 촉매제가 되었으면 하는 바람입니다. 과거에 대한 리뷰와 현재의 이해를 바탕으로 한다면 좀 더 우리가 원하는 방향으로 미래를 움직일 수 있는 확률을 높일 수 있지 않을까 합니다.

1.
왜 사람들이 나같이 생각하고
일을 하지 않는 것일까요?

'엔트로피(Entropy)'는 생각보다 많이 알려진 용어입니다. 엔트로피는 에너지의 움직임을 나타내는 물리학 용어이지만, 일상생활에서도 많이 사용됩니다. 엔트로피가 증가한다는 것은 무질서가 높아진다는 말이며, 엔트로피가 낮아진다는 것은 질서가 유지된다는 말입니다. 엔트로피의 법칙에 따르면 만물과 일상은 엔트로피가 낮은 상태에서 높은 상태로 흐르게 됩니다. 즉, 정연한 것들이 질서가 없게끔 됩니다. 일상생활의 예를 들어보겠습니다. 잘 정리된 방이 있다고 가정하겠습니다. 하루이틀 지나면서 방은 어지럽혀집니다. 즉, 엔트로피가 낮은 상태에서 높은 상태로 증가하게 되며 다시 방을 정리하려면(엔트로피를 낮추려면) 우리는 소정의 일(에너지를 투입)을 하여 정리 혹은 청소를 해야 합니다.

이처럼 '엔트로피(Entropy)'가 증가한다는 말은 다양성이 높아진다는 말로도 해석될 수 있습니다. 우리가 근무하는 조직을 예로 들어보겠습니다. 5명 이하의 가족 중심의 기업에서는 상대적으로 엔트로피가 낮습니다. 가족이라는 공통점을 가지고 있으며 그만큼 상대적으로 다양성이 크지 않습니다. 또한 이를 정연한 상태로 유지하는 데 드는 노력과 비용도 크지 않을 수 있습니다. 하지만 조직이 커지고 수십 명, 수백 명 수준이 되면 엔트로피의 법칙에 따라 무질서는 증가하게 됩니다. 곧, 다양성이 증가하게 됩니다. 많은 글로벌 기업들이 다양성을 인정하고 존중하려는 노력을 수십 년 전부터 진행해오고 있습니다. 특히 인종 및 성별에 대한 차별성을 없애고자 하는 것도 이에 대한 일환이라고 볼 수 있습니다.

조직이 성장하게 되면 엔트로피가 증가하게 됩니다. 이를 낮추는 데는 막대한 에너지와 노력이 필요하고, 상황에 따라 불가능할 수도 있습니다. 이를 억지로 낮추려는 노력은 건전한 조직 문화 및 운영에 도움이 되지 않습니다.

만약, 현재 우리가 몸담고 있는 조직에서 나와 똑같은 사람(복제인간)만 있다고 가정을 해보도록 하겠습니다. 나와 같은 생각, 나와 같은 태도, 나와 같은 경험으로 과연 지금보다 효율적으로 일을 더 잘할 수 있을까요? 투자의 가장 기본적인 법칙인 포트폴리오 구성

(분산투자)과 반대되는, 즉 모든 달걀을 하나의 바구니에 담는 것과 같은 이치입니다.

우리 자신의 생각과 관점을 가지는 것은 중요합니다. 다만 그 반대의 생각을 가진 다른 사람을 인정하고 다양성을 인정해야만 건전한 환경에서 기업이 발전할 수 있습니다.

리더가 경계해야 하는 것 중의 하나는, 지금까지의 경험을 토대로 나만의 판단 기준을 세우고 그 기준에서 벗어나게 되면 이를 부정적으로 바라보는 시각입니다. 10년 전의 상황과 지금은 다를 수 있습니다. 팀원의 다양성을 인정하고 그것을 장려함과 동시에, 그 사이에서 기회를 찾고 화합을 이끌어내는 것이 리더가 중요하게 생각해야 하는 요소입니다. 과거의 경험은 보조적인 수단이지, 절대적인 판단 기준이 될 수 없습니다. 나와 같은 수십 명의 사람과 같이 일한다는 것만큼 어려운 일은 없을 것 같습니다.

2.
나도 이제 리더인데
좀 편하게 일하고 싶습니다

    말로 하기는 쉽지만 실행하기가 가장 어려운 것이 '초심'이라는 단어입니다. 초심은 '처음 가졌던 마음가짐이나 각오' 등을 의미합니다. 이제 그동안 고생하였으니, 누가 차려주는 잘 차려진 밥상을 기대하기도 합니다.

    많은 분들이 이야기합니다. '초심으로 돌아가자'. 필자는 입사하는 모든 분들과 입사 첫날 30분 정도 면담 시간을 가지고 있습니다. 반드시 물어보는 말 중 하나가 "오늘 첫 출근길에 무슨 생각을 하셨어요?"입니다. 새로운 직장에 대한 걱정도 있고, 어떤 비장한 각오도 들을 수 있습니다. 첫 면담 시간에 꼭 당부하는 말은, 오늘의 마음가짐을 노트에 적어놓고 1년 혹은 몇 년 뒤 그 노트를 한 번씩 보라고 당부합니다. 입사 첫날의 마음가짐을 다시 돌아보자는 취지입니다.

하지만, 이를 실제로 실천하여 초심으로 돌아가는 마음을 가진다는 것은 그리 만만한 일이 아닙니다. 초심으로 돌아가서 생각하기가 쉽지 않은 이유는, 그동안 시간이 흘렀기 때문입니다. 몇 년 동안 나이도 들었고, 인간관계 혹은 여러 일들로 인해 이런저런 좋고 나쁜 경험도 했을 것입니다. 물론 업무에 대한 이해도나 숙련도에 있어서도 상당한 변화가 있었을 것입니다.

현재의 나와 수년 전의 나는 상당히 다른데 과거의 마음가짐을 가지는 것은 어려운 일입니다. 처음에는 남의 일도 대신해주고, 메일에 대한 답변도 빠르고, 그리고 무엇보다 일을 정확하게 그리고 일정에 맞게 하려고 했습니다. 어떻게든 조직에서 인정받기 위해 최선을 다합니다. 다만 시간이 흐르면서, '내가 왜 굳이 남의 일을 해야 하지?' '도와주었지만 고마워하지도 않는데', '바쁘니 내일 답장하지 뭐', '아 이건 팀원이 해주면 좋을 텐데'와 같이 이런저런 생각이 많이 듭니다. 더욱이 몇 년 전에는 화를 낼 일도 아닌데, 이제 같은 건으로 화가 나기도 합니다.

이미 초심을 떠나 여러 가지 경험과 좋고 나쁜 기억으로 업무 습관이 머릿속에 굳건하게 자리 잡고 있기 때문입니다. 인간이 가진 속성상 제일 하기 어려운 것이 무엇일까요? 그건 과거의 기억을 없애는 것입니다. 새로운 경험과 기억은 매일 생기는데, 이런저런 기억을 완전히 없앨 수는 없습니다. 이게 초심으로 돌아가기 힘든 가장 근본적인 원인이 아닐까 생각합니다. 그럼 어떻게 해야 할까요? 딱히 명확한 방법은 없는 것 같습니다. 의식적 노력만으로는 한계가 분명 있으며 며칠 지속되지 못합니다.

하나 생각할 수 있는 방법은, 기존 업무 습관을 버리는 것이 아니라 새로운 업무 습관을 만드는 방법입니다. 특히 어떤 새로운 업무나 직책을 맡을 때 효과적이며, 과거 초심의 모습으로 과거의 업무 습관을 가지고 새로 출발할 수 있는 계기를 마련할 수 있습니다. 과거 몇 년간 쌓아왔던 나의 업무 습관을 버리고, 입사 첫날의 초심으로 돌아가는 방법입니다. 또한 어떤 새로운 과업이 주어졌을 때 입사 첫날의 생각으로 해당 과업을 수행한다고 생각하고 무의식에 계속 숙제를 주는 것도 좋은 방법입니다. 시간이 흐르면 초심을 가지자는 우리 마음가짐은 잊히기 마련입니다. 힘들지만, 초심의 생각으로 우리 자신을 돌아보는 것만큼 회사에서 본인을 관리하는 좋은 방법은 그리 많지 않은 것 같습니다. 리더가 편하게 일하려고 마음먹었을 때 리더의 존재 가치는 흐려지게 되며, 결국 없어지게 됩니다. 리더의 역할은 리더 본인을 편하게 하는 것이 아니라, 일의 효율성을 극대화시켜 팀 전체의 일을 줄여주고 보다 가치 있는 일을 하게 하는 것입니다. 조직의 효율성과 성과를 이끌어 내기 위해 끊임없는 고민과 시행착오를 거쳐야 하며, 이것이 몸담고 있는 조직이 리더에게 조금이라도 더 많은 보상을 하는 이유이 기도 합니다.

3.
새로운 일을 하기가 두렵기도 하고 이제 좀 귀찮기도 합니다

'익숙함'은 영어로 'Familiarity'로 '가족(Family)'을 그 어원으로 하고 있습니다. 사실 가족만큼 익숙한 존재를 찾기는 그리 쉬운 일이 아닙니다. 많은 인적 관리 책에서는 '익숙함'을 버리라고 이야기하고 있습니다. 전체적으로는 공감을 하지만, 100% 공감할 수준은 아닌 것 같습니다.

사회생활을 하는 우리에게는 익숙함이 필요하다고 생각합니다. 내가 가장 잘할 수 있는 영역, 상대적으로 스트레스를 덜 받을 수 있는 부분 등 나만의 '안전지대(Safety Zone)'를 가지는 것은 인생을 살면서 반드시 필요한 부분인 것 같습니다.

다만 상대적으로 이를 가장 경계해야 할 시기는, 리더 역할을 어느 정도 수행한 경험이 있는 30대 후반에서 40대가 아닌가 합니다. 가족 환경도 안정화되고, 소득도 좀 더 가파른 기울기로 증가하는 시기입니다. 특히 일의 측면에 있어서는 익숙함을 넘어서 이젠 어떤 경지에 이른 분들도 있습니다. 20대는 익숙함은 고사하고, 주어진 일도 처리하기가 버거운 경험을 많이 하게 됩니다. 30대가 되면서 어느 정도 전문성이 쌓이면서 일의 측면에 있어서 익숙함을 바탕으로 가장 높은 효율을 보이는 나이대인 것 같습니다.

삶에 있어서 가장 큰 변화가 있는 시점은 40대라고 생각합니다. 수능에 올인하는 10대도 아니고, 전문성을 살리지 못하는 20대도 아니고, 30대 중반 이후 익숙함을 가지는 나이입니다. 40대에 이러한 익숙함에 어떠한 변화를 주는가에 따라 40대 후반 및 50대, 나아가 60대의 삶이 많이 달라지는 것 같습니다.

우리가 그동안 쌓아온 경험을 가지고, 익숙함을 유지한 채 직장 생활을 그대로 영위할 것이냐, 아니면 그러한 익숙함을 경계하고 나름 큰 변화를 주느냐에 따라 그 이후의 삶이 상당히 많이 달라지는 것 같습니다. 새로운 업무에 도전을 해본다든지, 어떤 특정 영역의 자격증에도 도전해볼 수 있습니다. 경제적 상황이 허락한다면 파트타임 학사, 석사 과정도 도전해볼 만합니다.

가정과 소중한 사람 그리고 익숙한 일에 충실하되, 어떤 인생의 패러다임을 바꿀 수 있는 최적의 나이는 40대임을 감안하면 결코 늦은 나이가 아닙니다. 주위를 둘러보면 일명 운이 좋은 사람들도 있습니다. 분명 운이 좋은 경우도 있지만, 운은 본인의 노력에 의해 본인이 원하는 방향으로 가게끔 그 확률을 높이는 것입니다.

4.

나는 내 생각이
맞다고 생각합니다

　사람은 나이가 들수록 두 마리의 강아지를 키우게 된다고 합니다. 한 마리의 강아지는 편견이며, 또 다른 강아지는 선입견입니다. 아무래도 10년 이상 사회생활을 하다 보면 본인만의 경험이 축적되고 이를 통한 본인만의 아이덴티티(Identity)가 형성됩니다. 이러한 테두리 안에서 본인만의 프레임으로 사람이나, 어떤 상황을 판단하게 되는 경향이 높아지게 됩니다.

　때에 따라 그러한 신념이 확고한 나머지 단 몇 분의 이야기, 사람에 대한 간략한 프로필, 얼굴만으로 어떤 사람인지 판단하고 평가해버리고 마는 경우도 많아지는 것이 사실입니다. 최근 몇 년 동안 많은 화제가 되고 있는 AI(Artificial Intelligence)의 핵심은 프로그램이 생각하고 판단하는 것입니다. 그러한 판단을 하기 위해 상용 AI는 내부적으로 수천만 개 혹은 수억 개의 판단척도를 가지고 있습니다. 이러한 판단척도는 서로 연결되어 있어 우리 뇌의 뉴런 모습과 비슷하다고 하여 신경망 회로라고 불리기도 합니다. AI 기술의 핵심은 결과 값의 산출물 혹은 피드백을 가지고 수많은 척도들을 미세 조정하면서 그 정확도를 높이는 것입니다. 하루 종일 쉬지 않고 학습하고, 판단척도를 미세 조정하는 AI도 아직 정확도가 80% 수준에 머물고 있습니다.

사람은 AI와 다르게 매일 수십, 수만 번의 학습을 하지 못할 뿐더러 본인의 판단을 잘 기억하지 못하는 경우도 많습니다. 보통 옳은 판단에 대해서는 장기 기억으로 가지만, 잘못된 판단에 대해서는 그저 실수일 뿐이야 하면서 잊어버리는 경우가 많습니다. 따라서 시간이 지나면서 '역시 내 생각이 옳았어', '이번에도 내 경험상 맞을 거야'라고 본인을 합리화, 객관화하는 경우가 많아지게 됩니다.

'나의 판단이 과연 옳은 것일까?', '내가 나의 프레임 안에서 모든 것들을 판단하는 것이 아닐까?' 하는 반문이 필요합니다. 이미 우리는 몇 번의 일적인 면으로 경험을 쌓다 보니, 타 팀, 타 부서, 프로젝트에 대한 편견과 선입견이 머릿속에 깊숙이 자리 잡고 있는 경우를 많이 보게 됩니다.

편견과 선입견을 조심해야 하는 이유는 우리가 정확한 사실과 진리를 바탕으로 무언가를 바라보고 평가를 하는 데 있어 잘못된 영향을 준다는 것이고, 이는 잘못된 결정을 내리는 근본 원인이 됩니다. 특히 편견과 선입견으로 상대방이 피해를 보는 경우도 있어 주의를 필요로 합니다. 예를 들어 A라는 팀이 있는데, 그쪽 부서와의 협업 사정은 그렇게 좋지 못했습니다. 하지만 새로운 직원이 들어왔을 때 저 사람도 결국은 같을 것이라고 생각하는 것은 많은 주의를 필요로 합니다. 그 한 사람이 그 부서의 분위기를 완전히 바꾸어놓을 가능성이 없다고 누가 장담할 수 있을까요?

편견 혹은 선입견에 대해 자신을 돌아보는 생각 없이 지내다 보면 본인이 본인의 프레임에 갇히게 되는 경우도 많으며, 사고의 유연성은 갈수록 떨어지게 됩니다.

편견과 선입견은 경험에 따라 축적된 본인의 아집입니다. 수백 년 경험을 한 것도 아닌데, 고작 수십 년의 기간 동안 맞았던 기억만을 가지고 어떤 사실을 정확하게 판단할 수 있을까요? 편견과 선입견을 없애는 일은 그리 간단한 일이 아닌 것 같습니다. 다만, 여러 소통과 이해를 통해 한 번씩은 3자의 입장에서 생각해보기도 하고, 본인의 잘못된 판단에 대해서도 한 번씩 뒤돌아보는 것이 현명한 생각일 것입니다.

5.
갈수록 스트레스 빈도 및 강도가 커집니다

'정신적 건강'과 '신체적 건강'이 밀접히 연결되어 있다는 것은 누구나 아는 사실입니다. 정신적 건강이 신체적 건강을 해치게 되는 경우도 많고, 거꾸로 신체적 건강이 나빠지게 되면 다시 정신적 건강에 악영향을 주는 경우도 많습니다. 우리가 축구 경기를 보면 후반전에 해설자들이 이런 이야기를 많이 합니다. "이제 체력이 고갈되었기 때문에 정신력으로 버텨야 합니다." 다만 30분 정도는 가능할지 몰라도 지속적으로 출근하는 우리 직장인들에게는 정신력만으로는 쉽지 않은 일인 것 같습니다. 물론 둘 다 건강하면 좋겠지만, 그리 쉬운 일은 아닌 것 같습니다.

특히 신체적 건강이 받쳐주지 않는 상황에서 정신적 건강에 문제가 있을 때를 제일 경계해야 합니다. 미국의 유명한 백만장자 투자자는 회사 갈 때 탭댄스를 추고 즐겁게 출근한다고 하는데, 우리와는 괴리감이 큰 것 같습니다. 많은 직장인들에게 회사를 다니는 것은 생계의 목적, 과업 이후의 성취감, 직장 동료와의 소소한 관계, 경력개발 등이 직장 생활의 주 목적이 아닌가 합니다.

필자는 스트레스가 감당할 수 없는 수준에 도달한 것 같다는 판단이 서게 되면 아주 간단한 테스트를 진행합니다. 지난 26년 이상의 직장 경력 중에 필자가 느꼈던 극심한 스트레스 상황 등을 몇 개 적어놓습니다. 또한 그러한 스트레스 상황에 기여한 요인들도 적습니다. 주로 업무 완성에 대한 부담감, 직속상사 혹은 동료와의 관계 등이 있을 수 있습니다. 우선 가장 힘들었던 경우의 점수를 10점으로 부여합니다. 그런 다음, 현재의 스트레스 지수 점수를 객관적으로 부여해봅니다. 상황에 따라 일부 다를 수 있으나, 대부분 이미 극복한 과거의 힘든 상황과 비교하면 현재는 그리 높은 수치가 아님을 알 수 있는 경우가 많습니다. '과거에도 그렇게 견디고 이루어냈는데, 지금은 그때에 비하면 괜찮은 수준이구나' 하고 '긍정적인(Be Positive)' 생각을 하다 보면 무의식이 그것을 받아들이게 되며 의식을 다독거려주게 됩니다.

리더일수록 의사결정 및 책임감 등으로 스트레스에 대한 빈도 및 강도는 커지게 됩니다. 나이가 들수록 연봉이 올라가는 것도 결국은 어떻게 보면 해당 책임 및 스트레스에 대한 보상이 그 연봉 인상액의 상당 부분을 차지한다고 볼 수 있습니다. 리더가 될수록 스트레스가 줄어드는 것이 이상한 겁니다. 필자도 직장 생활 중 제일 잘하지 못한 부분이 스트레스 관리였던 것 같습니다. 육체적 건강으로 극복하건, 정신적 마인드 컨트롤로 극복하건 스트레스는 방치하지 않고 관리해야 함을 너무 늦게 깨닫지 않았나 생각합니다.

6.
지금도 굳이 더 배우려고 노력해야 할까요?

95세의 할아버지 피아니스트가 모짜르트 피아노 협주곡을 연주하는 영상을 우연히 보게 되었습니다. 마른 손가락이 많이 떨렸지만 실수는커녕, 어떠한 기교도 없었지만 사람과 피아노가 한 몸이 되었다는 느낌이 들었습니다. 갑자기 생각이 나서, 계산기를 두들겨보게 되었습니다. 과연 저 피아니스트가 얼마만큼의 연습을 한 것일까 하는 궁금함이 생겼습니다. 10세 때부터 하루에 5시간씩 피아노를 쳤다고 가정하고 85년간의 기간을 곱하면 최소 155,000시간을 피아노와 같이 있었던 것 같습니다.

우리가 잘 아는 것 중에 '10,000시간의 법칙'이 있습니다. 어떤 분야에서 전문가가 되려면 최소 10,000시간을 투자해야 한다는 내용입니다. 10,000시간은 하루에 최소 3시간씩 365일 동안, 그리고 10년 동안 투자해야만 가능한 일입니다. 의사는 보통 6년 학부 과정에 인턴 및 레지던트 4년, 그리고 군의관 시절까지 포함하면 최소 12년을 투자해야 전문의가 될 수 있습니다. 최소 30,000시간은 투자하는 것 같습니다. 또한 그 30,000시간은 동일한 내용의 반복이 아니라 지속적으로 새로운 것을 학습하고 적응하는 데 드는 시간입니다. 의사는 상대적으로 고소득자입니다. 그럴 만한 이유가 있는 것 같습니다.

말이 10,000시간이지 이는 그리 쉬운 일은 아닙니다. 일 년 내내 빠짐없이 하루에 3시간씩 10년을 어떤 분야에 투자하기란 그리 쉬운 일이 아닙니다.

보통 팀장급들은 30대 말에서 40대 나이대가 많습니다. 27세 정도에 사회생활을 시작하였다고 하면 15년 정도 회사 생활을 하게 됩니다. 하루에 8시간 근무를 적용하면 43,000시간을 투자하였습니다. 우리가 전문가가 4번 되고도 남는 시간입니다.

문제는 그 하루 8시간의 근무 시간을 오로지 특정 영역에만 투자했다고 볼 수 없다는 것입니다. 우리는 43,000시간 동안 사회생활을 한 것입니다. 아울러 오해하지 말아야 할 것은, 그 10,000시간은 단순 반복이 아니라 끊임없이 생각하고, 새로운 것을 공부하고, 개발하고자 하는 노력이 반드시 뒷받침되어야 한다는 점입니다.

그렇지 않고는 10,000시간을 투자해도 1,000시간의 효과도 보지 못할 수 있습니다.

 필자가 아는 건축 현장 소장님이 있습니다. 아파트 건설만 20년 이상 하신 분입니다. 이분의 고민은 간단했습니다. 건축 세계에서는 동일한 업무는 경력으로 잘 인정하지 않는다고 합니다. 즉, 아파트 건설만 하신 분은 아파트 단지 건설을 수차례 했음에도 불구하고 처음 지은 3~4년만 인정된다고 합니다. 즉, 아파트, 병원, 쇼핑몰같이 서로 다른 건축물을 계속해야 총 경력을 인정받아 몸값이 많이 오른다고 합니다.

 필자의 경우도 13년 이상 조직의 리더 역할을 수행하면서 기술적 사항, 리더십, 인적 관리, 프로젝트 관리 등에 투자한 시간이 상당할 것으로 생각합니다. 하지만 실질적으로 이를 개선하고 더욱 발전하기 위해 노력한 시간은 13년의 기간 동안 그리 큰 비중을 차지하지 않습니다.

 "임원이 되려면 어떻게 해야 하나요?"란 질문에 대한 답은 그리 어렵지 않습니다. 명확한 자기 목표와 10,000시간에 대한 끊임없는 투자와 노력을 한다면 이루지 못할 영역은 없을 것 같습니다. 업무 프로세스, 기술, 외국어 등에 있어 현재 업무 범위를 뛰어넘어 산업계에서 전문가가 될 영역은 아주 많을 것 같습니다. 서점에는 매일 수백, 수천 종의 새로운 책들이 나오고 있고 유튜브만 보더라도 하루에 엄청난 양의 지식들이 쏟아져 나오고 있습니다. 리더의 중요한 역할 중의 하나는 본인이 발전하는 것도 있겠지만, 리더를 따르는 사람들에게 실천하는 모습을 보여주면서 같이 발전하는 것입니다.

7.
과연 내가 좋은 습관을
만들어가고 있을까요?

　'습관'의 사전적 의미는 '어떤 반복적인 행동을 통해 저절로 익혀진 행동 양식' 정도로 볼 수 있습니다. 보통 좋지 않은 의미일 때는 '버릇'이라고 표현하기도 합니다. 나쁜 습관은 만들기가 쉽지만 좋은 습관은 만들기가 어렵습니다. 필자같이 나쁜 습관을 많이 가지고 있는 사람도 드물 것 같습니다. 기름진 음식, 에너지 드링크 등 안 좋은 습관을 많이 가지고 있습니다.

　'복리'라는 말을 들어보셨을 겁니다. 100만 원의 돈에 매일 1%의 이자를 준다면 1년 뒤에는 3,800만 원이 된다고 합니다. 거꾸로 100만 원의 돈에 매일 1% 이자를 지불해야 한다면 아마 그 원금은 얼마 가지 못할 겁니다. 만약 우리가 하루에 하나씩 1% 정도의, 작지만 좋은 습관을 만들어나간다면 1년 뒤에는 38배 나아진 사람이 된다는 의미도 됩니다. 습관은 복리의 개념입니다.

우리 직장인은 10년 뒤, 20년 뒤의 목표를 반드시 가지고 있어야 합니다. 그럼 TV를 볼 때조차 우리의 의식 영역은 그 목표를 성취하기 위해 뭔가를 계속 고민하게 되며, 어떤 순간마다 그 목표를 이루기 위한 여러 아이디어를 무의식에 던져줍니다.

목표를 성취함에 있어 실질적으로 도움이 되는 것들 중 하나가 좋은 습관 만들기입니다. 10년 뒤 사장이 되기 위한 목표를 세웠다고 합시다. 그럼 아주 단순하게, 첫째, 건강해야 합니다. 둘째, 자본이 있어야 합니다. 셋째, 꾸준히 사업 아이디어를 만들어내야 합니다.

건강하려면 우선 운동이 필수이며, 자본이 있으려면 월급을 더 받든지 소비를 줄여야 합니다. 아이디어를 얻으려면 조금이나마 매일 생각과 고민을 끊임없이 해야 합니다. 하지만 이러한 습관을 만들기가 어렵습니다. 작심삼일로 끝나는 경우가 많습니다.

운동을 어떻게 습관화할 수 있을까요? 그냥 헬스장을 등록할까요? 일단 시작이 편해야 합니다. 필자의 경우 자의 반 타의 반으로 하루에 90분 걷기는 필수입니다. 키우는 강아지 산책 때문입니다. 운동을 그다지 좋아하지 않지만 할 수 없이 하게 됩니다. 이처럼 강제성을 통한 습관을 만드는 것도 방법 중 하나입니다. 또한 시간적 여유가 있다면 가급적 점심을 먹기 위해 멀리 가려고 합니다. 조금이나마 더 걷기 위함입니다. 즉, 어떻게 쉽게 시작할 수 있을지에 대한 생각이 필요합니다.

둘째는 지속성입니다. 이것 또한 힘듭니다. 이럴 때 좋은 방법은 달력이든 어디든 지속한 날짜를 기록하는 것이며, 몇 번 빠질 수 있지만 기록을 하다 보면 다시 돌아올 가능성이 큽니다. 매주 금요일 팀장 미팅에서 클로징 멘트를 하면서 보통 목요일 저녁에 이야기할 주제를 생각합니다. 이제 이러한 생활 패턴이 습관이 되어서 준비하는 데 그리 오래 걸리지 않습니다. 준비를 하려면 한 5분 정도 스크립트를 준비합니다. 이게 어느 정도 기록이 있으면 빠진 날짜를 알 수 있어 그만두지 못하게 하는 것 같습니다.

세 번째는 습관을 만들려면 빠른 보상이 있어야 한다는 것입니다. 1년에 천만 원을 모으면 나에게 10%를 보상으로 준다는 것도 생각해볼 수 있습니다. 우리가 그냥 무심코 많이 먹은 간식은 빠른 보상을 줍니다. 다만 몇 개월 뒤에 좋지 않은 결과를 안겨줍니다. 보통 안 좋은 습관일수록 빠른 보상을 줍니다. 좋은 습관은 보통 보상이 느립니다.

이제 모두 나이가 하나둘 빨리 들어가기 시작합니다. 곧 40대 중반이며 곧 50이 됩니다. 업무든, 가족 일이든, 경제적인 것이든 다 목표가 있을 겁니다. '그냥 좋은 게 좋은 거야', '그냥 지낼래', '이것도 힘들어'라고 할 수 있습니다. 다만 이와는 반대로 그 목표를 달성하기 위해 몇 개씩의 좋은 습관을 가져간다면, 아니 노력이라도 한다면, 3년이 아니라 6개월이면 엄청나게 달라진 모습을 볼 수 있을 겁니다. 좋은 습관은 복리이며, 어려운 일이지만 최소한 좋은 습관이 무엇인지 찾아보는 자세가 필요한 것 같습니다.

8.
나는 어떤 리더가 될 수 있을까요?

인문학적인 이야기입니다. '운명'과 두 명의 '악마'입니다. 먼저 1800년대 프랑스 수학자가 고안하였던 '라플라스'의 악마입니다. 만약 이 세상에 모든 원자의 위치와 운동 에너지를 알고 있는 악마가 있으면 미래를 예측할 수 있다는 내용입니다. 예를 들어, 우리가 축구를 할 때 축구공의 크기, 바람, 습도 등 모든 상황을 알고, 차는 힘을 정확히 알 수 있으면 공의 궤적을 정확히 그려낸다는 의미입니다. 이를 모든 생명체로 확대한다면 앞으로 일어날 수 있는 모든 일을 예측할 수 있다는 의미가 되며, 그러한 존재를 '라플라스의 악마'라고 부르게 되었습니다.

다만 이 이론은 양자역학이 나오면서 빛을 잃게 되었습니다. 양자역학이란 불확정성의 원리로 인해, 축구공이 있는지 없는지는 내가 관찰하는 순간에 알 수 있기 때문에 미래를 예측할 수 있다는 '라플라스' 이론과 배치됩니다. 즉, 불가능한 이론으로 결론을 맺게 됩니다.

다른 악마는 '데카르트의 악마'입니다. 데카르트는 이런 생각을 했다고 합니다. 우리의 오감을 마음대로 조종할 수 있는 악마가 있다면, 이 현실이 진짜인지 가짜인지 어떻게 구별할 수 있을 것인가에 대한 의문이었습니다. 데카르트는 모든 사물에 대해 생각을 해보았습니다. '내가 보는 것이 진짜일까?' 악마가 시각을 조정하면 착각하게 만들 수 있습니다. '나의 가족이 진짜인가?' 이것도 오감을 조작할 수 있는 그 무언가가 있으면 가능한 일입니다. 그러나 데카르트는 그러한 악마가 있다고 하더라도 결코 조작할 수 없는 것이 있다고 결론을 내었는데, 그것은 내가 가진 '정신'이라고 규정하였습니다. 그래서, 그 유명한 '나는 생각한다, 고로 존재한다'라는 이야기가 나왔습니다.

라플라스 악마 이론은 미래를 보는 것은 불가능하다는 것이며, 데카르트에게서는 결국 정신이 모든 것을 지배한다는 결론이 나옵니다. 이 두 가지 내용과 불확정성이라는 내용을 소개한 이유는 운명이라는 말 때문입니다.

보통 운명을 정해진 길이라고 생각하지만, 사실 '운(運)'은 '조정하다', '움직이다'의 뜻을 가진 한자어입니다. 운전, 운동선수 할 때 '운'으로 전부 움직일 운 자입니다. 즉, 본인의 삶은 움직일 수 있으며 조정 가능하다는 것이 운명입니다.

1800년대 말에 못생기고 볼품없는 한 청년이 과거에 낙방하게 됩니다. 좌절을 하고 돌아가는 길에 관상을 보았습니다. 그 관상장이가 하는 말이, '입은 배고프며, 등은 따듯하게 잘 수도 없겠구나' 하고 혀를 찼다고 합니다. 거지 팔자이지요. 이 청년은 그 길로 생을 마감하려 했다고 합니다. 그 청년이 김구 선생입니다. 비록 임시정부에서, 맛있는 음식도 먹지 못하고 제대로 된 곳에서 살지도 못했지만, 삶을 제대로 산 분임에는 의심이 없습니다. 즉, 우리는 태어난 환경 등에 영향을 받겠지만, 어떻게 살아가는지는 마음먹기에 달려 있는 것이 아닌가 합니다. 리더 역시 어떤 리더가 될 것인지는 여러분들 마음먹기에 달려 있습니다. 정신에 의해 본인이 원하는 방향으로 확률을 조금씩이나마 올려가면서 본인만의 리더십을 완성해나가야 합니다.

나중에 나이가 들어 삶을 마감할 때 과거를 돌아보며 후회할 일들은 하지 않으려고 합니다. 특히 인관관계가 그런 것 같습니다. 리더로서 말 한마디, 행동 하나가 갈수록 조심스러워지는 나이가 온 것 같습니다.

9.
제가 리더의 그릇을 가지고 있는지 모르겠습니다

　아주 높은 위치에 올라가신 분들과 비교하여, 필자의 시작은 크게 다르지 않았을 것 같습니다. 학력의 차이일까? 일을 열심히 하는 정도의 차이일까? 스마트함의 차이일까? 일의 추진력 차이일까? 당연히 위에서 언급한 부분에서도 상당한 차이가 나겠지만 가장 큰 차이점으로 생각하는 부분은 역경과 리스크를 관리하는 역량의 차이라고 생각합니다. 그분들은 필자가 감히 경험하지도 못한 역경을 극복하고 단계를 밟아 올라가신 분들이 아닌가 합니다. 수만 명이 움직이는 조직과 수십 명이 움직이는 조직은 규모 면에서 발생할 수 있는 이슈의 복잡성과 중요도 측면에서 많은 차이가 발생합니다.

보통 우리가 경험하는 회사 일에서 감당 못 할 큰 역경을 만나는 일은 흔치 않습니다. 보통 극복 가능한 영역이 많은 것으로 생각합니다. 물론 상대적인 면이 있기도 합니다. 하지만 중요한 부분은 이러한 역경과 리스크를 해결하다 보면 역량이 지속적으로 늘어나게 된다는 점입니다. 역경을 너무 어려워하거나 두려워하지 말고, 성장의 큰 밑거름으로 활용하길 바랍니다. 1년 혹은 3년 뒤에는 역경을 해결하는 능력이 눈에 띄게 달라져 있을 것이며, 이미 많이 성장해 있을 것입니다. 리더의 그릇은 그 그릇에 담을 수 있는 역경의 크기와 비례합니다.

10.

리더로서 가장 많이 해야 하는 말은 무엇일까요?

'내 책임이다'라는 말은 리더의 습관적인 언어가 되어야 합니다. 본인의 조직에서 발생하는 모든 일은 오로지 본인의 책임입니다. 그리고 팀 내의 일은 팀장의 책임입니다. 좀 더 명확히 하자면, '팀장이 책임져라'가 아니라, '팀장이 책임질 테니, 팀원은 주어진 임무를 철저히 하라'라는 이야기이기도 합니다.

'내 책임이다'라는 말을 할 수 있게 되기 위해서는, 문제에 대한 대응 능력, 통찰력, 그리고 의사결정 및 판단력이 바탕이 되어야 합니다. 위험이 따르는 일일수록 '네가 가라'가 아니라 '우리가 간다', 특히 '내가 앞장선다'라는 마인드가 있어야 합니다. 보스와 리더는 분명 다른 말입니다. 보스는 강요하지만 리더는 사람을 따르게 만듭니다. 어느 영화의 유명한 대사처럼 무능한 팀원은 없고 무능한 팀장만 있을 뿐입니다. 리더가 어떤 일이든 책임진다는 마음가짐을 가질 때 이것만큼 사람을 따르게 하는 데 좋은 방법은 없는 것 같습니다. 그리고 리더는 실제로 책임을 져야 합니다.

11.
직원들이 저를 좋아하지 않는 것 같습니다

오랜 기간 동안 직장 생활을 하면서 존경하고 좋아한 분들도 있었지만 그렇지 못한 분들도 있었습니다. 특히 신뢰가 가지 않는 상사 혹은 리더의 경우 후자에 해당하였습니다. 보스와 리더의 차이는 굉장히 많지만, 그중에서 핵심적인 사항은 신뢰를 얻고 있느냐 없느냐의 차이입니다. 리더가 신뢰를 얻지 못하는 대표적인 유형에 대해 생각해보았습니다.

첫째, 순간 평정심을 잃어버리는 유형입니다. 사람의 본성이나 진면목은 어떤 극한 상황 혹은 본인의 의지가 미치지 않는 상황에서 잘 나타나게 됩니다. 어떤 극한 상황에서 리더가 패닉에 빠진다거나, 평소와 다르게 크게 화를 내는 모습을 그 예로 들 수 있습니다. 평소에 100번을 잘하는 리더라도 한 번의 상처를 주는 말이나 행동은 오랜 기간 쌓아왔던 신뢰 관계에 큰 영향을 미치게 됩니다.

둘째, 팀원의 실수를 보호하지 않는 리더입니다. 팀의 과실은 전적으로 리더의 과실이며, 이에 대한 책임 역시 리더가 지는 것이 맞습니다. 하지만, 책임질 상황에 직면하였을 때 혼자 살겠다고 팀원을 극한으로 몰아넣는 경우도 적지 않게 있습니다.

셋째, 일관성이 없는 유형입니다. 의사결정을 여러 번 번복하는 경우, 그리고 정확히 어떤 유형의 사람인지 어떤 성격의 사람인지 잘 파악이 되지 않는 경우도 있습니다. 성격적인 부분은 사람의 개인적인 성향이라 어떻게 할 수 없다고 하더라도 심한 감정의 기복으로 팀 전체가 항상 리더의 분위기를 살피는 경우입니다.

넷째, 실력이 없는 리더입니다. 직원들에게 신뢰를 주는 여러 방법 중의 하나는 추진력과 합리성을 보유한 실력자입니다. 여러 가지 논쟁이나 의견에 갈팡질팡하는 모습을 보인다거나, 일을 추진하고 마무리할 수 있는 능력이 없는 리더와 지낸다는 것은 쉽지 않은 일입니다.

다섯째, 대화의 대부분이 사람들에 대한 험담인 리더입니다. 일을 추진함에 있어 여러 인간적인 불편함과 마음에 들지 않는 모습은 항상 있습니다. 하지만, 말의 대부분이 사람들에 대한 험담인 리더는 신뢰를 받을 수 없습니다.

여섯째, 경청하지 않는 리더입니다. 본인의 일관적인 생각만 강요하는 리더입니다. 부하 직원의 말이 옳든 아니든 우선 경청의 모드가 준비되어 있어야 합니다. 일단 이야기를 모두 듣고 리더의 의견을 말하는 것이 순리입니다. 이때 실력이 없는 리더는 부하 직원의 의견에 논리적으로 반박할 수 없습니다. 부하 직원의 말을 경청한 다음 논리적으로 설명과 설득이 가능해야지, 이를 직급이나 직책에 의해 일방적으로 강요하는 리더는 결코 신뢰를 얻을 수 없습니다.

이 세상에 완벽한 리더는 어디에도 없습니다. 성인의 경지에 오른다면 모를까, 위에 나열한 그 모든 부분을 완벽하게 관리하고 리딩하는 리더를 찾기란 그리 쉬운 일은 아닐 것입니다. 하지만 현재 리더 역할을 수행하고 있는 분이라면 한 번쯤 생각해볼 만한 주제입니다. 신뢰는 하루아침에 이루어 지지 않습니다. 몇 년이 걸리면서 쌓아가는 장기전입니다. 그리고 그 리더가 그 조직을 떠날 때 여러 이해관계를 떠나 인간적으로 '참 많이 배웠구나', '아쉽다'란 말 한마디 듣는 것 보다 리더로서 더 큰 영광은 없을 것 같습니다.

12.

변해야 한다는 말이
잘 실감나지 않습니다

노키아, 소니, 도시바, 샤프, 그리고 최근 뉴스에 많이 나오고 있는 인텔, 삼성 등의 공통점은 무엇일까요? 노키아는 스마트폰 시장을 읽지 못하였고, 일본 전자 기업들은 한국의 기술력 및 혁신 제품 앞에 무너졌습니다. 인텔도 컴퓨터용 CPU만 생산하다가 GPU 시장이라는 거대한 시장을 읽지 못했습니다. 2006년 엔비디아를 인수하려고 하였지만 진행하지 않았습니다. 삼성도 최근 HBM 메모리 영역에서 SK하이닉스에 뒤처지고 있습니다.

마이크로소프트가 그나마 현재 건재한 것도 'OpenAI'사에 막대한 투자를 통해 AI에 대한 리더십을 보유했기 때문입니다. 만약 그러한 투자가 없었고, 구글이 'OpenAI'사의 최대 투자자였다면 아마 현재의 인텔과 그리 사정이 다르지 않았을 것 같습니다.

단기 성과에 집중한 경영, 시장의 흐름을 잘못 읽는 경영, 가진 기술에 대한 자만감, 기업의 관료주의는 경영진이 시장을 보는 눈을 멀게 하고, 짧은 시간 안에 기업을 역사 속에서 사라지게 할 수 있습니다.

우리 사람은 과연 어떨까요? 하루하루 살아가는 삶, 월급만 기다리는 삶, 조직의 미래 혹은 경력의 미래에 대해 읽지 못하는 눈, 설령 지금은 잘하고 있지만 새로운 기술에 대한 배움의 부족 등은 이미 사라진 기업의 특성과 다를 바 없습니다. 물론 피곤한 삶인 건 맞습니다. 하지만, 계속 성장하는 사람과 그렇지 않은 사람의 큰 차이는 물론 목표 설정에도 있지만 변화를 수용하는 마인드에 있습니다. 어떤 사람들은 변화를 이끌기도 합니다. 또 어떤 사람들은 그럭저럭 변화를 수용하고 살아갑니다. 하지만 또 어떤 사람들은 변화를 싫어하고 본인 방식대로 살아가려고 합니다. 1~2년 안에는 큰 차이가 없습니다. 하지만 불과 3년만 지나도 큰 차이를 만들게 됩니다.

삶은 방정식 같다는 생각이 듭니다. 삶 $f(x)=x^3+x^2+x+1$ 같은 3차 방정식 같다고 생각을 해보곤 합니다. 첫 항인 x^3에는 본인이 변화하려는 의지와 노력이 들어갑니다. 그리고 x^2에는 삶 혹은 일에 대한 태도, 인성 등이 들어가는 것 같습니다. x에는 의외이지만 말을 하는 능력이 들어가는 것 같습니다. 말 잘하는 것도 큰 능력입니다. 말과 인성은 타고나는 것이라고 하는데, 반드시 그런 것은 아닙니다. 말 잘하는 능력은 충분히 개발될 수 있습니다. 그리고 마지막 1이 정말 우연히 얻은 운인 것 같습니다.

가장 큰 지수인 x^3은 결국 변화하고자 하는 의지인 것 같습니다. 물론 피곤한 삶이 될 수 있습니다. 그 선택은 우리들의 몫이고, 그냥 현재처럼 살아가는 것도 좋은 방법이 될 수 있습니다. 하지만 중요한 건 10년 뒤에 '그때 그걸 할걸'이라는 생각이 들었을 때는 너무 늦었다는 사실입니다. 미래의 본인이 현재의 자신에 던지는 메시지들을 한번 생각해보았으면 합니다.

불교 경전에 이런 말이 있습니다. 인간과 달리 자연은 변화를 추구합니다. 나무가 어떤 열매를 맺기 위해서는 소중한 꽃을 버려야 합니다. 강물이 큰 바다의 물이 되기 위해서는 그동안 태어나서 평생을 몸담아왔던 강을 버려야 바닷물이 될 수 있습니다.

13.
과연 제가 전문가일까요?

　수입차 정비는 상대적으로 고가이고, 사실 신뢰하고 맡길 만한 업체가 그리 흔하지 않습니다. 각 회사마다 서비스 센터가 있기는 하지만 작업자의 숙련도도 차이가 나며, 예약의 어려움, 높은 비용 등으로 많은 분들이 사설 수입차 정비 센터를 이용합니다. 국산차보다 수입차 정비가 어려운 이유는 그 종류가 수천 수백이며, 엔진의 종류도 너무 다양하기 때문입니다. 또한 모든 정비 매뉴얼이 영어이며, 고가의 정비 장비들도 필요합니다. 유튜브에는 이러한 수입차 정비를 동영상으로 보여주며 설명하는 유튜버들이 있습니다. 필자의 경우 총 세 명의 명장들 동영상을 즐겨 보곤 합니다.

이 세 분의 공통점을 보면, 차에 이상이 생기면 우선 경험에 의해 짐작 가는 부분 몇 개를 선정한 다음 세부 분석에 들어갑니다. 그리고 자동차 기술 메커니즘의 확실한 이해를 통해 그 범위를 좁혀갑니다. 이 세 분의 놀라운 능력은 수만 개의 부품이 있는 어떤 엔진이든 완벽하게 분해 조립이 가능하다는 것입니다. 또한 경험에 의해 쌓인 수많은 엔진 모델들의 문제점들에 대해 명확히 이해하고 이를 수리할 수 있는 능력을 가지고 있습니다. 특히 놀라웠던 건, 모든 엔진에는 ECU라는 부품, 즉 컴퓨터로 치면 CPU가 있습니다. 해당 ECU가 문제라고 판단하였을 시, 같은 차 ECU를 구해 그 ECU에 선을 하나씩 연결해 복사하는 것을 보았을 때 감탄을 자아내게 하였습니다.

과연 이분들이 20년 전에도 같은 능력을 가지고 있었을까요? 이분들이 모든 엔진 수리를 완벽하게 하였을까요? 아마 포기하고 손해 배상한 경우도 꽤 많았을 것으로 생각됩니다. 10년 전 노하우로 지금의 엔진을 수리할 수 있을까요? 필자가 보았을 때 이분들의 공통점은 몇 가지가 있습니다.

첫째, 자신의 분야에서 실패를 거듭하면서 20년 이상 어떤 한 분야에 매달려왔습니다.

둘째, 변화에 과감히 맞서며 매년 나오는 수많은 엔진을 공부하며 지식을 쌓아왔습니다.

셋째, 아직도 배울 것이 많다고 이야기합니다. 본인의 지식이 절대적인 것이 아니라, 상황은 항상 다르다는 것을 인지하고 항상 겸손한 자세로 차를 대합니다. 본인에 대한 성찰입니다.

넷째, 본인의 노하우를 과감히 동영상을 통해 공개합니다. 영업 비밀이라고 생각하지 않고, 건전한 정비 문화와 제대로 된 정비 문화에 이바지하려고 노력하는 분들입니다. 본인들이 습득한 정보를 공개하면서 본인들은 더 많은 공부를 합니다.

다섯째, 말을 조리 있게, 쉽게, 그리고 자신 있게 합니다. 굉장히 복잡한 자동차 기술 언어를 일반인이 조금만 차에 관심이 있으면 알 수 있도록 설명하는, 즉 고객 중심의 마인드를 가지고 있습니다.

전문가는 순간의 개념이 아닙니다. 전문가는 영원한 것이 아니며 끊임없는 노력과 자신에 대한 성찰, 그리고 상대방을 이해하는 마음으로 지속해야 하는 연속의 개념입니다.

14.

리더라는 일이
적성에 맞지 않는 것 같습니다

우리는 세상을 살아가면서 어떤 일이나 인간관계 등이 과연 나에게 맞는 것인지 아닌지 무수한 고민을 하게 됩니다. 대학에 들어가면서 나의 전공이 나와 맞는 것인지, 회사에 들어가서 맡게 되는 일이 적성에 맞는 것인지, 사람 관계에 있어서도 일명 코드가 맞는 사람이 있는 반면 전혀 그렇지 않은 사람도 많이 있습니다.

본인과 맞지 않은 여러 상황을 접했을 때 우리에게는 몇 가지 선택지가 주어지게 됩니다. 첫째, 맞지 않음에도 불구하고 맞추려고 노력하고 견디려고 하는 선택지가 있습니다. 둘째, 맞지 않는 상황을 벗어나는 결정을 내릴 수 있습니다. 대부분의 사람은 현재 처한 여러 상황을 고려하여 첫 번째 선택지를 선택하게 되며, 점차 순응 혹은 적응하려고 노력하게 됩니다. 하지만 또 일부의 사람들은 회사를 이직하거나 인간관계 정리 등을 하게 되기도 합니다. 혹은 첫 번째 선택을 먼저 하고 최종적으로 두 번째 선택지를 선택하는 경우도 상당히 있으리라 생각됩니다.

다만 두 번째 선택을 하기에 앞서 한 가지 생각해볼 부분이 있습니다. 과연 맞음과 맞지 않음이란 무엇일까요? 그건 분명 본인의 기준일 것이며, 보통 사람들은 맞지 않음에 더 많은 고민과 생각을 하게 됩니다. 우리의 뇌가 부정적인 면에 특화되었을까요? 마케팅에는 유명한 말이 있습니다. 좋은 서비스를 받은 사람은 최대 3명의 다른 사람에게 좋은 피드백을 전달하지만, 나쁜 서비스를 받은 사람은 최소 9명에게 그 내용을 전달한다고 알려져 있습니다.

우리가 정작 맞는 부분을 찾아본 경우가 얼마나 될지는 한번 생각해볼 부분입니다. 나와 전혀 코드가 맞지 않는 사람이 있다고 하였을 때 과연 나와 맞는 부분이 하나도 없는 것일까? 나와 맞지 않은 회사가 있을 때 과연 맞는 부분은 하나도 없을 것인가? 위의 서비스 마케팅에서 이야기하는 것처럼, 사람은 보통 부정적인 면을 많이 생각하기 때문에 정작 맞는 부분이나 좋은 부분에 대해서는 간과하는 경향이 많습니다. 특히 일의 측면에 있어서는 처음에는 맞지 않았지만 경험이 쌓이고 지식이 쌓일수록 맞아가는 모습을 많이 볼 수 있습니다. 이는 사실 '그럼에도 불구하고' 본인을 변화시키고 적응해나가는 일련의 과정입니다. 변화와 적응은 때때로 고통을 동반하기도 합니다. 성공한 사람들의 공통점 중 하나는 고통을 피하려고 하지 않고 받아들인다는 점입니다.

  힘든 과정 속에서 나와 맞는 부분을 하나라도 더 찾아보는 습관도 전쟁터 같은 직장 생활에서 하나의 위안이 될 수 있을 것 같습니다. 또한 그러한 변화에 당장 적응하지 못하였더라도 포기하기는 이릅니다. 변화와 적응이 매년 나무에 피는 꽃이라면 올해 설령 꽃을 피우지 못하였더라도 나무는 죽지 않았으며, 내년이라는 기회가 매년 반복되기 때문입니다.

15.
리더's 컬럼: 인생의 사계절

우리 삶을 계절에 비교해보고자 합니다. 다소 억지스러운 면이 있긴 합니다만, 어떻게 보면 맞아떨어지는 면도 있습니다. 2023년 한국인의 평균수명은 83.5세입니다. 앞으로 계속 늘어갈 추세이니, 88세로 잡아보도록 하겠습니다. 이를 사계절인 4로 나누면 계절당 22년 정도 됩니다.

봄은 한 해를 시작하는 계절입니다. 만물이 태동하고, 농사에 비유하자면 땅을 가꾸고 물을 가두고 묘종을 키우는 등 한 해의 기초적인 일을 하게 됩니다. 남녀에 따라 조금 차이가 있겠지만 앞에서 말한 22년을 적용해보면 태어나서 22~24세까지가 봄의 계절인 것 같습니다. 대학 교육 등 삶을 살아가는 데 필요한 기초 작업을 마치는 시기입니다. 농사도 그렇지만, 봄을 어떻게 보냈는지에 따라 한 해 농사가 달라지기도 합니다. 물론 기초가 다소 부족해도 따라잡을 수 있는 기회는 아직 많이 남아 있습니다.

여름은 성장의 계절입니다. 기초를 바탕으로 모든 만물이 햇빛을 받아 성장이 최대화되는 시기입니다. 물론 태풍, 홍수 등 자연재해가 가장 많은 계절이기도 합니다. 시련도 많지만 모든 농작물이 가장 크게 크는 시점으로, 잡초도 뽑아야 하고 가장 바쁜 시기입니다. 인생도 마찬가지입니다. 22년 숫자를 적용하면 24세에서 46세까지가 여기에 해당하는 것 같습니다. 보통 기업에서는 팀장, 부장급 정도이며 본인의 경험치가 가장 높아지고 업무 생산성이 가장 높은 시기가 아닌가 합니다. 이때의 경험과 본인 경력을 바탕으로 이제 가을을 맞이하게 됩니다.

가을은 수확의 계절입니다. 봄의 기초 작업과 여름의 성장을 거쳐 이제 최대의 리턴을 보여주는 시기이며, 금전적으로 최대의 보상을 받는 시기인 것 같습니다. 기초가 다소 부족했고, 성장 과정까지 게을리하였다면 좋은 수확을 거둘 수 없을 겁니다. 이런 수확의 계절은 66세 정도까지 진행될 것 같습니다. 우리가 국민연금을 받는 나이가 65세이니 대략 맞아떨어지는 것 같습니다. 필요에 따라 수확은 70세까지 늘어날 수 있습니다. 수확물이 적다면, 어떻게 해서라도 추가 수확물을 거둬들여야 합니다.

이제 66세 혹은 68세부터는 겨울이 시작됩니다. 그동안 수확한 것을 바탕으로 다시 봄이 올 때까지 살아가야 합니다. 종교에 따라 다르지만 윤회를 인정하는 종교가 있고, 그렇지 않은 종교가 있습니다. 이제 평균적으로 88세가 되면 삶을 마감하게 됩니다. 비록 인간은 새로운 봄을 맞이하지 않지만, 자식들이 그 새로운 봄과 여름을 맞이하고 있을 겁니다. 영원히 끝나지 않습니다. 훌륭한 기초를 통해 성장을 해야 많은 수확을 할 수 있고, 무난한 겨울을 보낼 수 있습니다. 기초가 좀 부족하더라도 제일 중요한 시기는 여름인 것 같습니다. 아직 많은 분들은 여름이 끝나지 않았습니다. 좀 더 나은 수확의 계절을 맞이하기 위해 남은 여름 생활 잘 보내야 할 것 같습니다.

내가 생각하는 리더의 모습은 어떠하며, 리더십을 발전시키는 데 가장 큰 어려움은 무엇입니까?
그리고 그러한 어려움을 극복할 마음의 준비는 되어 있는지요?
아래에 자신의 생각을 적어봅시다.

제2장

갈등을 협력으로 바꾸는 리더의 따뜻한 생각들

0.
제2장 서문

　　인류가 탄생한 이후 갈등은 항상 존재해왔습니다. 가족 갈등, 사회 갈등, 세대 갈등, 조직 갈등 등 거의 대부분의 명사에 갈등이라는 단어를 붙여 쓸 수 있을 정도로 갈등은 인류와 같이 태동하였고, 같이 살아가는 것 같습니다. 갈등이라는 단어의 어원은 칡과 등나무가 서로 다른 방향으로 자라나기 때문에 생긴 말입니다. 줄기가 심하게 꼬여 해결하기가 힘든 상황을 의미합니다. 많은 조직 관련 책이나 리더십 책에서 갈등이라는 주제를 다루고 있으나, 사실 이를 해결하기란 힘들고 때에 따라서 불가능할 수도 있습니다. 따라서 본 장에서는 어떤 획기적인 갈등 해결 방법이 아니라 갈등의 여러 유형들과 갈등을 대하는 유형들을 살펴보고 인간관계에서 갈등은 아주 자연스러운 모습이라는 것에서 출발하고자 합니다. 다만 그 자연스러운 모습 속에서 무질서(갈등의 확대)가 가속화되는 경우를 다소나마 통제하고 관리할 수 있을지에 대해 이야기하고자 합니다. 갈등을 이해하고 이를 통제하고자 하는 노력은 리더의 중요한 핵심 역량 중 하나입니다.

1.

다 좋게 지내고 싶은데 갈등이 심화되는 상황에 리더로서 어떻게 해야 할까요?

　취학 전 아동의 경우 혼자서 사회적 네트워크를 구성하기란 그리 쉬운 일이 아닙니다. 부모님, 특히 엄마의 사회적 네트워크하에서 아동의 네트워크가 자연스럽게 형성되는 과정입니다. 초등학생의 경우 이제 자신만의 사회적 네트워크를 구성하지만 사실 제한적이며, 여전히 부모님의 영향력 안에서 이루어지는 경우가 많습니다.
　중학교에 올라가면서 이제 본격적인 자신만의 네트워크를 만들어가기 시작합니다. 부모님들의 경우도 친구 이름을 한 번씩 들어보았을 수는 있고, 관심은 있지만 정확히 어떤 친구인지 잘 모를 때가 많습니다.

고등학교 때는 이제 부모님의 영향력에서 벗어나는 시기인 것 같습니다. 다만 지금까지는 어떻게 보면 본인이 속한 집단이 본인의 의지나 노력이 아닌 일종의 강제적인 집단으로 구성된 경우입니다. 물론 특수목적고 등으로 진학하는 경우도 있으나 대부분 추첨에 의해 학교를 배정받게 되며, 본인의 의지와는 상관없는 집단에서 네트워크를 맺어가게 됩니다.

그럼 대학은 어떠할까요? 이제부터는 본인의 의지와 노력으로 집단을 선택할 수 있게 되며 처음으로 성적이라는 하나의 기준점으로 뭉쳐진 집단에 소속이 됩니다. 취업 혹은 삶을 영위하기 위한 기본적인 기초를 구성하는 시기로 본인이 싫든 좋든 외부에서는 동일 집단으로 간주하게 됩니다. 사실 동질성 측면에서는 고등학교와 대학교는 많은 차이가 납니다. 대학교가 동질성 측면에서는 고등학교보다 훨씬 강합니다. 하지만, 머리가 커졌다는 이유도 있겠으나 대학교의 동일 집단 내에서는 사람에 대해 오히려 싫어함과 좋아함이 적어야 하는데, 오히려 고등학교 때보다 훨씬 커지게 됩니다.

이제 직장으로 공간을 옮겨보도록 하겠습니다. 직장이란 대학보다 동질성이 더 강한 집단입니다. 본인이 원해서, 본인의 노력으로 한 집단에서 일을 하게 되며, 본인이 속한 팀의 공통 목표, 본인이 속한 기업의 공통적인 목적을 위해 모두가 같거나 비슷한 길을 걸어가게 됩니다.

하지만 동질성이 커지면 커질수록 그 집단 안에서의 좋고 싫음, 그리고 갈등은 더 커지는 것 같습니다. 왜 그럴까요? 강제적으로 구성된 유년 시절이나 초등학교 때의 집단보다 왜 본인이 원해서 속한 집단에서 인간관계로 훨씬 많은 스트레스를 받는 것일까요? 상하 관계나 일의 스트레스 등이 변수이기는 하지만 일단 본 주제에서는 제외하도록 하겠습니다.

첫째, 필자는 이것이 어쩔 수 없는 엔트로피의 원칙에 기인한다고 봅니다. 질서에서 무질서로 흘러가는 만물의 기본적인 원칙을 따릅니다. 동일성이 강하면 강할수록 그 동일성을 파괴하고자 하는 경향은 커지는 것 같습니다.

둘째, 본인이 살아오면서 겪은 여러 경험에 많은 영향을 받는 것 같습니다. 이제 본인의 성격, 성향, 사람 보는 눈 등이 상당히 구체화된 후 시작하는 직장 생활에서 본인과 생활 방식 혹은 태도, 가치관이 다른 사람은 좋지 않게 보게 됩니다.

셋째, 조직에는 태생적으로 갈등 관계를 가질 수밖에 없는 그룹이 존재합니다. 예를 들어 영업팀과 채권관리팀은 항상 갈등 관계에 놓이게 됩니다. 영업팀은 채권 리스크도 하나의 고려 요인이지만, 궁극적으로 매출 증대를 최대의 목표로 삼고 있습니다. 반면 채권관리팀은 매출 증대도 중요하지만, 채권 회수가 어려운 경우를 대비하여 여러 가지 분석을 수행하게 되면서 영업팀과 적지 않은 갈등 관계를 가지게 됩니다.

넷째, 특정 일을 추진함에 있어 여러 이해관계가 얽혀 있는 상황에서 갈등을 피할 수는 없는 것 같습니다. 예를 들어, 사내 프로세스 개선 프로젝트를 진행한다고 가정해보겠습니다. 프로젝트팀의 경우 해당 프로젝트의 기한 내 완료 및 품질이 가장 중요한 반면, 특정 부서들은 해당 프로젝트로 인해 본인 팀에 어떤 불리한 점이 있을지에 대해 민감하게 반응하는 경향을 보이기도 합니다. 프로젝트팀에게는 여러 팀들의 지원과 협업이 필요하지만, 실제로 그러한 도움을 받기가 종종 어렵기도 합니다.

마지막으로 대화나 의견 전달의 방법과 톤입니다. 사실 이러한 대화 방법으로 인해 갈등이 더 깊어지기도 합니다. 우리는 회사 생활을 하면서 말이 통하지 않는다고 생각하는 경우가 종종 있습니다. 또한 상대방을 인정하거나 고려하지 않고 무심코 하는 말들로 인해 상처를 입거나 사이가 더 멀어지는 경우도 종종 보게 됩니다.

갈등의 한자어는 칡 갈(葛)에 등나무 등(藤)을 씁니다. 칡과 등나무 둘 다 다른 나무에 자기의 줄기를 뻗치면서 자랍니다. 단, 칡의 줄기는 시계 반대 방향으로 자라지만 등나무는 시계 방향으로 자라기 때문에 칡과 등나무가 같이 있으면 심하게 꼬이게 됩니다.

조직 내에서 갈등을 완전히 없앤다는 것은 불가능한 것 같습니다. 다만, 줄이려는 노력은 필요합니다. 예를 들어 갈등이 심한 두 조직이 있다면 한 팀으로 만드는 경우도 있습니다. 만약 영업팀장이 채권관리팀장을 겸한다면 어떻게 될까요? (혹 그 반대의 경우도 마찬가지입니다) 갈등은 의미 있게 줄어들 수 있습니다. 일부 대기업들이 '대팀제'를 이용하는 것 역시 보다 빠른 의사결정과 이를 통한 속도감 있는 일의 추진도 이유지만, 조직 내 혹은 팀 간 갈등을 일부 관리하고자 하는 목적도 가지고 있습니다.

상황에 따라 혹은 심각성에 따라 조직장이 개입할 수도 있으나, 이게 항상 좋은 결과만을 만드는 것은 아닙니다. 첨예하게 대립하는 갈등의 경우 조직장 혹은 리더가 보통 A 혹은 B팀의 의견에 힘을 실어주면서 갈등을 봉합하게 됩니다. 다만 이는 임시적인 봉합이며, 더 큰 갈등을 유발할 수 있는 불씨를 남겨두게 됩니다. 반드시 어떠한 결정을 내리기 전에 해당 결정에 영향을 받는 팀이나 조직에 배경을 설명하고 이해를 구하는 과정을 거치는 것이 필요할 때가 많습니다. 특히 리더로서 주의할 점은, 내부적인 이슈를 잠재우기 위해 외부와의 갈등을 이용하면 안 된다는 것입니다. 정치적인 목적으로 필요하다고 생각할 수는 있으나, 중장기적인 관점에서는 그리 바람직한 방법은 아닙니다.

또한 '아' 다르고 '어' 다른 것처럼, 말을 함에 있어 상당한 주의가 필요합니다. 특히 어떤 잘못된 결과나 힘든 상황을 해결하는 과정에서 감정이 들어가게 되면 하지 않은 것보다 못한 결과를 만들 수도 있습니다.

만약 칡나무와 등나무가 하나의 거대한 나무에 자신들의 줄기를 서로 같은 방향으로 자라게 할 수만 있다면 이보다 견고한 매듭은 없을 것 같습니다. 리더는 서로 다른 방향으로 자라는 두 나무의 줄기를, 완벽하지는 않겠지만 가급적 같은 방향으로 자라게끔 그 틀을 잡아주는 역할을 해야 합니다.

2.
좋은 인간관계를 맺기가
생각보다 어렵습니다

카네기의 『인간관계론』이라는 유명한 책이 있습니다. 자기 계발서의 고전입니다. 데일 카네기는 작가이자 강연자입니다. 『인간관계론』에서는 굉장히 많은 사례와 이론, 경험 등을 소개하고 있습니다. 어떻게 사람과 좋은 관계를 유지하고 나의 사람으로 만들 수 있는지에 대한 기술이 그중 핵심인 것 같습니다. 물론 해당 책은 아주 유명한 분들의 사례를 담고 있고, 더욱이 갑의 위치에 있는 사람들 중심이어서 현실에서 적용하기가 과연 쉬울까 하는 의문도 들 수도 있습니다.

직장 혹은 가정에서 가장 큰 욕구가 무엇일까요? 의식주에 대한 것부터, 돈, 가족 간의 사랑 등 굉장히 많을 것 같습니다. 우리 생활 내에서는 식욕에 버금가는 욕구가 있습니다. '인정받고자 하는 욕구'입니다. 자식들은 부모님으로부터 인정받기를 원하며, 배우자로부터의 인정, 그리고 직장에서는 상사, 동료, 부하 직원으로부터 인정받고 싶어 합니다.

그런데 우리는 이러한 인정받고 싶은 욕구를 가정이나 직장에서 의식적으로나 무의식적으로 부정하는, 혹은 소위 이를 꺾는 경우가 많이 있는 것 같습니다. 사실 부모와 자식 간의 갈등, 상사와의 갈등 등도 상당 부분 인정받지 못하는 상황에서 발생한다고 보면 될 것 같습니다. 부하 직원은 상사가 인정하지 않는 경우, 혹은 반대로 상사 입장에서 부하 직원이 팀장으로 인정하지 않는 느낌을 가진다면 갈등은 커질 수밖에 없습니다.

『인간관계론』의 핵심은 '인정'인 것 같습니다. 좋은 인간관계를 만들고자 하면, 상대방을 인정하고 중요한 사람임을 이야기해야 한다고 합니다. 물론 이론과 실제에는 차이가 많습니다. 인정해주고 싶지 않은 경우도 많고, 그렇다고 부하 직원에게 마음에 없는 말을 하거나 상사에게 아부성 멘트를 하는 것은 더욱더 싫은 경우도 있습니다.

다만 상사는 그렇다 치더라도, 부하 직원의 경우는 잘하는 점과 못하는 점이 있으면 잘하는 점에 대해 칭찬하고 인정하는 리더의 모습은 중요한 것 같습니다. 사소한 성과 하나라도 칭찬과 격려는 그 한 사람의 하루, 일주일 이상의 기분을 좌우할 수 있는 가장 효율적인 방법입니다. 반대로 감정이 들어간 비판 하나는 그 사람의 의욕을 꺾을 수 있는 가장 확실한 방법입니다.

리더는 '반응' 하는 것이 아니라 '대응'을 해야 합니다. 또한 인정을 받고 있다는 느낌이 들면 그만큼 모티베이션이 상승하지만, 또 그만큼 겸손해져야 합니다. 인정을 받고 있다고 믿고 그것이 마냥 힘인 것처럼 과시한다면 어떻게 되겠습니까?

또한 어떤 실수에 대해서는 확실하게 인정하고 사과하는 방법만큼 좋은 방법도 없습니다. 여러 변명 및 상황 설명 등을 계속하다 보면 상황이 더 악화되는 경우도 많습니다. 무장해제를 하고 사과를 하는데 이를 지속적으로 나무라는 상사는 생각해볼 부분입니다. 부하 직원의 어떤 실수나 부족한 점이 있으면, 사실 중심으로 이야기하고 재발이 되지 않게 하는 것이 제일 현명한 방법일 것 같습니다.

리더십이란 본인의 성향과 개성을 중심으로 끊임없이 개발하고 또 개발하는 방법이 최선인 것 같습니다. 그만큼 시행착오도 많이 겪어야 하며 생각도 많이 해야 합니다. 여러분들 본인만의 리더십을 구축하는 것이 핵심입니다.

3.

제 편이 그리 많지 않은 것 같습니다

산고초려는 삼국지에서 나오는 말입니다. 직역을 하자면 '초가집을 세 번 찾아간다'라는 의미입니다. 유비는 아주 가난한 사람이었으며 당시 조조는 지금으로 치면 대기업 회장쯤 되는 위치였습니다. 유비는 책사의 필요성을 깨닫고, 칩거해서 살고 있던 제갈공명을 찾아 가게 됩니다. 왕복 수백 킬로미터를 걸어서 세 번 찾아갔다고 합니다. 사실 중국에서 몇백 킬로미터면 그리 먼 곳은 아니긴 합니다.

이때 제갈공명은 만나주지 않다가, 백성을 잘살게 하자는 유비의 원대한 포부와 그 진정성에 승낙을 하게 됩니다. 사실 유비는 제갈공명, 관우, 장비를 빼고는 이야기할 수 없을 정도로 훌륭한 인재들을 자기 사람으로 데리고 있었습니다.

조직 내에서 일명 자기 사람이 있는 것과 없는 것은 엄청난 차이를 발휘합니다. 나이 들어 이직을 하게 되면 적응이 쉽지 않다고 합니다. 전 직장에서 훌륭한 성과를 냈던 사람도 새로운 직장에서 어려움을 겪는 사례가 많은 것 같습니다. 여러 원인이 있겠지만 자기 사람이 없는 상황에서 어떤 눈에 띄는 성과를 만들어내기란 상당히 어려울 수 있습니다.

자기 사람 만들기란 상당한 정성을 들여야 합니다. 특히 중요한 것은 진정성을 보여주어야 하며, 약속한 사항이 있다면 최대한의 노력을 기울여야 합니다. 아주 오래전에 필자에게는 상사인 매니저가 있었습니다. 여러 다른 매니저로부터 수많은 야단을 먹으면서 일을 배웠지만, 그분이 하는 말 한마디에 소위 모든 '충성'을 맹세하게 되었습니다. '난 다 필요 없고 최 선생 같은 사람만 있으면 뭐든지 하겠다'라는 말이었습니다. 그 이후에 서로 다른 회사에서 일을 하였지만, 그분에게 도움이 필요한 일이 있다면 휴가를 내어서라도 도움을 드린 기억이 있습니다.

말 한마디에 적을 만들 수도 있고, 나의 사람으로 만들 수도 있는 것 같습니다. 자기 사람이라는 것은 정치적으로 세를 만들어나가는 그런 의미는 아닙니다. 리더로서 진정성과 인정을 통하여 자기를 따르는 사람을 보다 많이 만들어나가는 것이 직장 생활에서 얻을 수 있는 최고의 개인적 성과가 아닌가 합니다. 이상적인 말이지만, 진정한 리더는 존재하는 것만으로도 마음의 안정을 가져다줄 수 있는 그런 존재인 것 같습니다.

4.

갈등을 효율적으로
잘 해결할 수 있는 방법이 있을까요?

인류가 탄생하고 아마 갈등이 없었던 때는 한 번도 없었을 것 같습니다. 세대 갈등, 고부 갈등, 부부 갈등, 외교 갈등 등 우리의 삶은 갈등과 함께 존재한다고 볼 수 있습니다. 사람이나 나라 간의 갈등이 통제 가능한 수준을 벗어나게 되면 싸움, 전쟁 등으로 비화되기도 합니다.

우리가 일하는 회사 조직도 갈등의 연속입니다. 팀 간 갈등, 부서 간 갈등, 노조 간 갈등 등 사람 사는 모든 곳에는 갈등이 있습니다. 그 크기와 강도만 다를 뿐입니다.

갈등을 대하는 태도 혹은 반응은 어떠한가요? 사람마다 그 유형은 굉장히 다릅니다만 크게 다음과 같이 나누어볼 수 있을 것 같습니다.

첫째, 갈등을 가급적 만들지 않는 유형입니다. 갈등 자체가 부담스럽고, 해결하기가 여의치 않기 때문에 갈등의 요소를 가급적 만들려고 하지 않습니다.

둘째, 갈등을 만들려고 하지는 않지만 갈등에 대해 소극적으로 반응 혹은 대응하는 경우입니다. 갈등이 확대되는 것을 경계하고, 감당할 수준이라고 판단이 되면 갈등을 봉합하려고 하지만 여의치 않으면 피하려고 합니다. 아마 한국 직장인들은 여기에 가장 많이 해당되지 않을까 합니다.

셋째, 갈등에 대해 적극적으로 반응 혹은 대응하는 경우입니다. 어떻게 하든 갈등을 해결하려고 적극적으로 나서는 경우로서, 본인의 경험과 사회적 스킬을 최대한 활용하여 갈등을 봉합하려고 노력합니다.

넷째, 본인의 의도이든 아니든 갈등을 만드는, 혹은 유발하는 유형도 있습니다. 조직에서 만나게 되면 쉽지 않은 상황이며, 보통 한국 직장인들은 이런 유형의 분들을 만나게 되면 주로 뒷담화의 주인공이 되기도 합니다. 한 번씩 내가 갈등을 유발하는 주체가 되지 않는지 생각해보는 것도 좋습니다.

갈등을 해소하기 위한 여러 방법을 생각해보고 또 생각해보았지만, 그 답을 찾기란 거의 불가능해 보입니다. 다만 다음과 같은 부분이 약간의 도움이 될 수 있을 것도 같습니다.

첫째, 상위 목표를 설정하는 방법입니다. 팀 간에 갈등이 있을 시 상위 조직 전체의 비전과 목표를 강조하는 방법입니다. 팀원 간 갈등이 있으면 역시 팀의 역할과 비전을 팀원과 공유하는 방법입니다. 리더는 항상 갈등의 수준을 살펴보아야 하며, 그것이 어느 정도 수준 이상이 되면 통제하고 관리할 필요가 있습니다.

둘째, 별로 내키지 않은 경우이지만 해결하고 지나가야 할 경우도 있습니다. 직접 만나서 감정을 자제하고 대화로 푸는 방법인데, 이때는 당사자뿐만 아니라 제3자가 같이 있는 것도 도움이 됩니다. 영국의 국회를 보면 두 정당이 국회에 마주 보고 앉아 어떤 현안에 대해 극명한 대치를 하게 됩니다. 우리나라의 국회의장에 해당되는 분을 'Speaker'라고 부릅니다. 이때 한 당의 대표가 이야기할 때 상대방에게 직접 이야기하지 않고, "의장님, 저 당에서는 이렇게 이야기하는데 저는 동의할 수 없습니다"라며 간접적인 표현을 사용합니다. 어느 정도 중재를 해줄 수 있는 제3자의 도움도 꽤 좋은 방법입니다.

셋째, 인력도 없고 만성 피로가 누적된 경우, 같은 갈등이라도 커질 수밖에 없습니다. 경제에 사이클이 있듯이 회사에도 사이클이 있어야 합니다. 리더는 그 사이클을 잘 이용해야 합니다. 열심히 하는 기간이 있으면 쉬어 가는 기간도 있어야 합니다. 인적자원의 예측은 쉽지 않지만 미래의 업무 부담 등을 감안하여 충분히 고려되어야 하는 사항입니다.

넷째, 가능한 방법이기는 합니다만, 가능한 한 사용하지 않아야 하는 방법입니다. 상대 팀 혹은 상대 부서를 적으로 만드는 경우입니다. 상대를 적으로 만들어버리면 내부 갈등은 어느 정도 낮출 수 있습니다. 보통 국내 정서나 갈등이 극에 달할 때 외부 전쟁을 일으키기도 하는데, 도요토미 히데요시의 임진왜란이 대표적인 예입니다. 본인의 팀 내, 부서의 갈등은 어느 정도 낮출 수 있으나 조직 내 평판은 형편없이 떨어지게 됩니다. 고립을 자초하게 되는 지름길입니다.

우리는 평생 갈등과 같이 살아가야 합니다. 외부적인 요인으로 우리는 상처를 입기도 하고, 때로는 넘어지기도 합니다. 넘어지는 것은 자의가 아니지만 일어나는 것은 결국 우리 의지의 문제입니다. 아무쪼록 크고 작은 갈등에 현명하게 대처하기를 바라며, 도의에 어긋나는 갈등 해결은 오히려 하지 않는 것도 방법일 것 같습니다.

5.
화목하고 따뜻한 기업에서 일하고 싶습니다

사람은 2명 이상만 있으면 갈등이 생기게 됩니다. 부모와 자식 간은 싫든 좋든 부모와 자식의 관계는 변하지 않습니다. 혈연으로 묶이게 됩니다. 그럼 부부는 어떨까요, 혈연은 아니지만, 그 어느 누구보다도 가까운 사이입니다. 우리가 부부간은 '0촌'이라고 하는데, 이는 부모 자식 사이보다 더 가까운 사이라는 의미도 되고, 어떻게 보면 '널(Null)'과 가까운 개념, 즉 하나의 몸이라는 의미도 됩니다.

혈연도 하물며 많은 갈등이 존재하는데, 혈연도 아닌 조직의 경우 그 연결 고리가 더욱더 약합니다. 마음만 먹으면 언제든지 그

관계를 끊어낼 수 있습니다. 우리가 월 100만 원이라는 월급을 받으면 그중에서 최소 30만 원, 많게는 50만 원 이상이 인간관계에서 오는 여러 갈등, 스트레스에 대한 보상이라고 생각하기도 합니다. 사실 일을 추진함에 있어 일 자체에 대한 스트레스보다 인간관계에 의한 스트레스가 더욱더 큰 것은 사실인 것 같습니다.

갈등을 어느 정도 낮출 수는 있어도 없앨 수는 없습니다. 다만 갈등의 유형을 파악하면 이를 해결하는 데 약간의 도움을 줄 수 있을 것 같습니다.

첫째, 상하 관계의 갈등입니다. 사실 직원에 대한 윗사람의 미움이 10% 정도라고 하면 아랫사람은 아마 그 열 배의 스트레스를 받게 될 것 같습니다. 통계에서 보듯이 회사의 비전이나 연봉도 중요하지만, 상사와의 불화 등으로 회사를 떠나는 경우가 아주 많습니다.

둘째는 동료 간의 갈등입니다. 이게 사실 굉장히 큰 스트레스입니다. 때에 따라서 상하 관계보다 더 심할 수 있습니다. 동료 간의 불신과 한 명의 상사를 중심으로 모든 권한이 집중되어 있는 조직에서 굉장히 흔하게 나타나는 유형입니다.

마지막으로 많이 부각되지는 않지만, 아랫사람에 대한 갈등도 많습니다. 분위기를 망친다거나, 업무 지시를 무시한다거나, 성과가 나오지 않는다거나, 이것으로 스트레스 받는 매니저들이 사회에 굉장히 많습니다.

각각에 대해 대처하는 방법이 다를 수 있겠으나, 정확한 답이 딱히 없는 것이 사실인 것 같습니다. 리더의 리더십 혹은 회사의 문화에 의해 그 갈등이 크냐, 다소 작냐의 문제입니다. 상대적으로 화목하고 따듯한 기업은 있을 겁니다. 하지만 직원 모두가 그렇게 느끼는 기업의 수는 그리 많지 않을 것 같습니다. 설령 그러한 문화를 완벽히 만들지는 못하더라도 한 번쯤 만들어보자는 생각과 노력은 필요하지 않을까 합니다.

6.
스트레스로 머리뿐만 아니라 이제 몸까지 아픕니다

우리가 회사 생활을 하면서 가장 힘든 점이 무엇일까요? 크게 두 가지가 있는 것 같습니다. 첫째는 '나는 부당한 대우를 받고 있다' 혹은 '나는 내 능력보다 인정을 받지 못하고 있는 것 같다'라는 생각이 아닐까 합니다. 두 번째는 이번 주제인 인간관계로부터 오는 여러 갈등인 것 같습니다.

관점에 따라 이를 개선하기가 그리 여의치 않은 경우도 있는 것 같습니다. 부당한 대우는 형제들이 많이 있는 집으로 가보면 더욱 더 극명합니다. 형, 누나, 동생보다 좋은 대우를 받았다고 생각하는 사람이 얼마나 될까요? 참고로 가장 좋은 연봉과 보너스를 받은 사람들 중에서도 1/3은 그 보너스 혹은 성과 평가에 대해 실망한다고 합니다.

인간관계의 갈등 역시 해결하기가 그리 쉬운 부분은 아닙니다. 특히 갈등은 틈틈이 고통으로 연결되기도 합니다. 우리가 다리에 근육통이 있어 진통제를 먹으면 일시적이지만 고통은 줄어들게 됩니다. 그럼 다리가 완전히 나아진 것일까요? 아닙니다. 진통제는 머리로 가는 통증 신호를 일시적으로 막는 것에 불과합니다. 우리가 받는 스트레스 및 고통도 뇌에서는 다리가 아픈 것처럼 똑같이 느낀다고 합니다. 여담이지만, 많은 실험에 의하면 그러한 정신적 고통도 일반 진통제로 꽤 효과를 볼 수 있다고 합니다.

우리가 갈등으로 인해 스트레스 받은 경우가 있으면, 그건 어떤 사고로 인한 상해와 같은 경우입니다. 동료가 교통사고를 당했다면 우리는 어떻게 할까요? 병원도 방문하고, 위로도 하고, '일은 걱정하지 마세요' 같은 이야기도 합니다. 그런데 회사에서 어떤 갈등으로 인해 고통을 받는 분들에게 우리는 어떤 위로나 조언을 할 때 좀 신경을 쓸 필요가 있는 것 같습니다. 위로는 좋은 것입니다. 다만, 보통 우리가 이야기하는 것처럼 '그냥 잊어라', '그 사람 그 행동 하루이틀 보았냐' 등의 위로는 그리 도움이 되는 것 같지 않습니다. 이는 교통사고를 당해 고통이 있는 동료에게 '그래 많이 아프지, 그냥 잊어'라고 말하는 것과 같습니다. 직장 동료가 어떤 인간관계로 인한 고통을 받고 있다고 생각하면 어떤 물리적인 상해라고 생각하고 진심 어린 위로와 격려의 말 한마디, 업무 배려가 상당한 도움과 치유로 이어질 수 있습니다.

7.
혼자 일하는 게
훨씬 편할 때가 많습니다

　한국에는 독특한 문화가 있습니다. 보통 내 나라(My Country)가 아니라 우리나라(Our Country)라고 표현합니다. 우리 아내 혹은 남편이라고 표현하는데, 영어로 하면 'Our Wife', 'Our Husband'가 됩니다. 영어권 화자가 들으면 참 어색하게 들릴 것 같습니다. 서양 사회는 보통 개인을 중심으로 한 사회이며, 집단을 중요시하는 일본과 달리 한국은 관계를 중심으로 살아가는 관계주의 사회의 대표적인 나라인 것 같습니다. 평소 사회생활에서 공적 이상의 인간관계도 아주 중요시되는 경우가 많습니다. 잘 협력하여 뭉친다는 장점도 있지만 본인과 관계가 덜한 개인과 집단과는 거리를 두고 싶어 하는 경향도 종종 보이기도 합니다.

관계주의의 장점을 제일 잘 살려낼 수 있는 부분이 협력(Collaboration)인 것 같습니다. 특히 기술이 고도화되고 발전할수록 어떤 한 부분에서의 전문성만으로는 사회가 요구하는 융합적인 결과물을 만들어내기는 어려운 것 같습니다.

직장 생활을 막 시작했을 무렵, 어떤 시니어께서 '시스템(System)'을 어떻게 정의할 수 있는지 질문하였습니다. 당시 필자는 단순히 좀 큰 프로그램이라고 대답했는데, 시스템이라는 용어를 완전히 이해하는 데 꽤 오랜 시간이 걸린 것 같습니다. 'System'은 'Sys'와 'Stem'이 합쳐진 말인데, 'Sys'는 보통 'Together'를 의미합니다. 'Stem'은 'Put together', 즉 'Make'를 의미한다고 합니다. 결국 여러 명이 같이 만들어내는 어떠한 구조체를 의미합니다. 우리가 흔히 이야기하는 사회 시스템, 복지 시스템, 교육 시스템 등은 어떤 소수의 인력으로 짧은 시간 안에 만들어낼 수 있는 것이 아닙니다. 다양한 경험을 가진 복수의 전문가들이 오랜 시간을 들여 만들어낸 것에 우리는 '시스템'이란 말을 붙일 수 있습니다. 일이 다양화되고 고도화될수록 혼자서 하는 일은 점점 줄어들게 됩니다. 전문가의 영역도 더욱더 세분화될 수밖에 없습니다. 협력(Collaboration)이 없으면 이제 간단한 일 하나 제대로 할 수 없는 시대에 살고 있습니다. 'As One'은 우리의 생존과 직결된 문제이며, 선택의 문제가 아닙니다.

8.
제가 어디까지 참고 노력해야 하나요?

100년간 추적 조사를 해본 결과 인간의 행복에 가장 직접적인 영향을 주는 것은 당연히 돈이 아니라고 합니다. 돈과 같은 물질적인 부분에는 한계효용이라는 것이 있어서 처음에 100만 원 쓸 때의 기쁨보다 설령 나중에 부자가 되어 1억 원을 쓴다고 해도 처음 100만 원 쓸 때보다 결코 행복해지지 않습니다. 조사의 결과, 가장 큰 영향을 주는 것은 인간관계라고 합니다. 이는 지인, 배우자, 자식을 다 포함하는 말입니다. 인간관계가 좋으면 외롭지 않을 수 있으며, 호모사피엔스가 이 지구상을 지배하게 된 가장 근본적인 힘인 '공동체', 즉 같이 살아나가는 것을 가능하게 합니다.

그러한 인간관계에 가장 큰 영향을 미치는 것이 무엇일까요? 답은 '말'입니다. 우리나라에 좋은 속담이 있습니다. '말 한마디에 천 냥 빚도 갚는다'라고 합니다.

우리는 대화할 때 두 가지 유형이 있습니다. 첫째는 반응하는 경우이고 둘째는 대응하는 경우입니다. 예를 한 가지 들어보겠습니다.

팀원 한 명이 치명적인 실수를 하고 보고를 하러 왔습니다. "죄송합니다. 팀장님, 제가 사고를 쳤습니다." 반응하는 경우는 우선 화부터 내고 보는 것입니다. 상황이 심각한 경우라면 본인도 패닉에 빠집니다. 즉, 보고자의 행동과 그 결과에 반응하는 경우입니다.

두 번째는 대응하는 경우입니다. "자, 일은 이미 일어났으니 상부에 보고하고 같이 대응하도록 합시다", "피해를 최소화할 수 있는 방안이 뭐가 있는지 같이 찾아봅시다", "어제 무리해서 실수했나 보네"라고, 그 사람에 대해 반응하는 것이 아니라 상황에 대해 대응하는 경우입니다. 반응하는 경우와 대응하는 경우, 해당 보고자는 앞으로 그 팀장을 어떻게 대하게 될까요?

같은 말이라도 듣기 좋게 하는 사람이 있습니다. 이건 아부나 칭찬과는 상관없는 이야기입니다. 내 생각을 이야기하는 것이 아니라, 상대방의 관점에서 이야기하는 것입니다 예를 들면, '내가 보기에', '내 생각에는' 이런 말을 붙이면 훨씬 부드러워집니다.

예를 들어, '난 네가 무슨 정신으로 일하는지 모르겠어'라고 이야기한다고 해봅시다. 이때는 야단을 치는 것입니다. '내 생각에는 네가 요즘 다른 곳에 좀 신경을 쓰는 것 같아'라고 하면 어떨까요? 어감에 많은 차이가 납니다.

두 번째 팁은 역시 공감하는 방법입니다. '아니, 그건 팀장님이 잘못하셨네', '많이 힘들지, 얼마나 스트레스 받았을까?' 하는 식입니다. 이때 '아니 뭐 그 양반 하루이틀이야', '잊어버려' 등은 별 도움이 안 됩니다. 여기서 더 나아가, '좀 잘하지' 이러면 그때부터는 적이 됩니다.

보통 대화를 하다 보면 대화의 목적을 떠나 상대방의 말투에 화가 나고 빈정이 상해서 대화의 목적은 온데간데없어지고 태도에 화가 나서 싸우게 되는 경우가 많습니다. 특히 우리나라 사람들은 여러 언쟁을 벌이다 결국 "너 몇 살이야"로 끝납니다. 화가 나면 "나 잠시 목이 말라서 물 한잔만 먹고 올게" 하고 딱 30초만 그 자리에서 멀어지세요. 거짓말처럼 화가 가라앉게 됩니다. 그 자리를 떠나게 되면 3자 관점에서 생각하게 되고, 대화의 본 목적을 찾을 수 있게 도와주게 됩니다.

직장이든 가정이든 전부 말입니다. 부부간의 관계도, 직장 동료와의 관계도 모두 말로 이루어지며, 이게 스트레스 안 받고 조금이나마 행복해질 수 있는 방법입니다. 그런데 나는 노력하는데 상대방은 안 한다? 'I don't care'입니다. 좋은 말을 쓰는 사람은 사람이 따르게 되어 있습니다. 그 반대의 사람은 사람들이 떠나게 되어 있습니다. 리더는 인내해야 합니다. 참을 수 있는 그릇의 크기를 넓혀가야 합니다. 사람 관계를 망치는 요인 90% 이상은 말로 인한 상처입니다.

9.
다른 부서와 다투기도 하고
협업이 잘 되지 않습니다

여의도라는 이름이 없다고 가정하고 새로 이름을 짓는다고 생각하겠습니다. 영등포 사람이 바라보면 북섬이라고 주장하겠고, 용산에서 바라보면 남섬이 됩니다. 서울 오른쪽이면 서섬이고, 그 반대는 동섬이 될 것입니다.

사람들은 자기가 본 것이 맞다고 주장합니다. 이름을 지어야 하는데 어떤 기준으로 할지 난감해집니다. 동서남북 각 마을 대표들은 자기들의 주장을 굽히지 않을 것입니다. 어떻게 해야 할까요? 각 마을 대표 4명을 헬기에 태우고 하늘로 올라갑니다. 물론 하늘에도 방향은 있지만, 하늘에서 바라보는 여의도는 방향이 아니라 아래에 있는 섬이 됩니다. 땅을 파고 아래로 내려가면 어떻게 될까요? 그때는 위에 있는 섬이 됩니다. 관점에 따라 옳다고 생각하던 내용이 언제든지 바뀔 수 있습니다.

회사에서의 팀을 한번 보겠습니다. 각자 맡은 영역이 있고, 최선을 다해 업무를 수행합니다. 하지만 크고 작은 일들로 부딪치며 갈등을 빚게 됩니다. 당연합니다. 사람 사는 곳이 다 마찬가지입니다. 리더가 해야 할 일은, 헬기를 타고 위로 올라가는 것처럼 각 팀이 보는 관점을 바꾸어야 합니다. 즉, 팀장은 부서 전체의 입장에서, 팀원은 팀장의 입장에서 생각하게 하는 문화를 이끌어야 합니다. 이러한 문화를 이끌기 위해서는 리더 본인부터 리더의 상사 입장에서 일을 처리하고 관리해야 합니다. 리더 본인이 한 부서를 책임지고 있는 부서장이라면 그 위의 조직 개념, 즉 본부 혹은 부문의 관점에서 조직을 운영해야 합니다. 한 단계 위의 입장에서 조직을 운영하게 되면 유관 부서는 갈등의 존재가 아니라 협력의 존재라는 시각으로 바뀔 수 있습니다. 발전이 있는 조직과 없는 조직, 인정받는 조직과 인정받지 못하는 조직의 가장 큰 차이는 리더가 보는 시선이 어디에 주로 머무느냐에 달려 있습니다.

10.

리더's 컬럼: 미래의 직업

　사원 및 대리급 코칭 세션을 정기적으로 진행하면서 '저출산 시대에 미래의 20~30대가 가야 할 길'이라는 아주 어려운 주제에 대해 질문을 받았습니다. 사회학자들도 쉽게 답을 하지 못할 질문인데, 감히 필자가 답변을 할 수 있을까 하는 생각이 먼저 들었습니다.

　처음 시도한 생각은 인구통계학 및 여러 글로벌 트렌드를 반영한 예측이었습니다. 1970년대 초반의 출생 인구는 보통 100~120만 명, 2000년대생은 60~70만 명, 그리고 지난해 출생자 수는 30만 명이 되지 않았습니다. 보통 선진국의 트렌드를 보면 캐나다,

호주 등이 그랬듯이 강력한 이민 정책으로 부족한 인구를 보완해 왔습니다. 한국의 경우도 현재 다문화 가정이 계속 증가하는 것으로 알고 있고, 중국 교포들도 상당히 증가하였습니다. 결국 인도나 동남아 중심으로 이민을 확대할 수밖에 없을 것 같습니다. 다만 우리나라의 특성을 감안할 필요는 있습니다. 이민 정책을 보다 넓게 적용한다고 하더라도 단일 민족이라는 점과 한국어라는 꽤 높은 진입 장벽으로 인해 한계는 있을 것 같으며, 오히려 어느 정도 사회 문제가 될 수 있는 소지도 충분히 있을 것 같습니다.

인구가 증가하지 않으면 노동력 부족, 연금 문제 등 수많은 사회 문제가 발생할 수 있습니다. 다만 이러한 환경하에서 나타나는 큰 흐름을 생각해보았습니다.

첫째, 수도권 중심으로 사람이 모일 수밖에 없으며, 이로써 현재보다 서울 중심의 경제 체제가 더욱더 커질 것으로 예상합니다. 다른 선진국의 경우 보통 몇 개의 큰 대도시에 기업의 본사가 분산되어 있지만, 한국의 경우 거의 대부분의 대기업 본사가 서울에 위치하고 있습니다. 대기업은 여러 중소기업들과 협업을 해야 하기 때문에 어느 정도 규모가 있는 중견기업들 역시 서울에 본사를 두고 있습니다.

둘째, AI 등의 급속한 발달로 단순하고 보편적인 일이 상당히 없어질 수 있습니다. 앞으로 몇 년이 지나면 이제 신입 직원 채용 규모가 급속히 줄어들 수 있을 것 같습니다. AI의 무서운 점은 하드웨어, 즉 AI를 운영하는데 필요한 물리적(하드웨어) 자원만 충분하면 무한히 발전할 수 있는 잠재력을 가지고 있다는 것입니다. 불과 10년 전만 하더라도 자율주행은 그리 쉬운 일이 아니었지만, 요즘 대부분의 자동차들은 차선유지 보조 및 속도 조절과 같은 준자율주행을 지원하고 있으며, 도로의 인프라 개선과 맞물리면 획기적인 발전이 있을 것으로 예상됩니다.

셋째, 일에 대한 전문성이 더욱더 강조될 것 같습니다. 즉, 보통의 전문가들이 AI 엔진을 직접 만들지는 못해도 해당 분야의 전문성을 가지고 본인만의 혹은 어떤 집단에 특화된 전문가가 AI를 학습시키는 일이 상당히 많아질 것 같습니다. 'AI Customizer'라는 말이 생기지 않을까 합니다.

명확한 답은 아니겠지만, 인구 감소로 인해 서울 중심의 경제생활과 전문성을 바탕으로 한 회사, 직업, 개인만이 살아남고 여기서 살아남는다는 것은 상대적으로 더 많은 연봉을 받는다는 이야기입니다. 일반 사무직의 경우 그 경쟁력이 더욱더 떨어질 수밖에 없을 것 같습니다. 이러한 결과로 사회 양극화가 더 심해질 수밖에 없을 것 같습니다.

두 번째로 고민해본 부분은 경험에 바탕을 둡니다. 필자가 지금까지 직장 생활을 하면서 거의 들어보지 못한 뉴스가 몇 개 있습니다.

첫째, 경기가 좋아서 사람들이 좋아하고, 활기차다.

둘째, 취업 시장이 활짝 열려 취업이 잘되고 있다.

셋째, 세계 경기 전망이 낙관적이며 위험 요소가 상당히 제거되었다.

위 세 가지는 항상 반대로 들어왔던 것 같습니다. 경기는 항상 좋지 않았고, 취업은 항상 힘들었습니다. 앞으로도 그럴 것으로 생각됩니다. 여기서 필자가 생각하는 바는 AI 발전, 인구 감소, 경기 침체 등에도 살아남는 사람은 살아남고, 그걸 발판으로 더 크게 성장하는 경우가 많을 것 같습니다.

개인 자신의 경쟁력만큼 훌륭한 무기는 없는 것 같습니다. 보통 많은 경우 본인이 할 수 있는 일을 남이 해주었으면 하는 경우가 많습니다. 그런데 몸은 좀 힘들겠지만, 그러한 일들을 자신이 좀 챙기다 보면 내부적으로는 대체 불가능한 인력이 되며, 외부적으로는 인력 시장에서의 퀀텀 점프 이직도 충분히 가능합니다. 전문성, 어학, 좋은 태도, 커뮤니케이션 기술 등 소위 일을 잘한다는 분들은 어떤 시대가 와도 성공할 수 있습니다. 본인의 영역만 고수하다 보면 결국 경쟁력을 잃게 됩니다. 이제 한 분야의 전문가 시대는 막을 내리는 것 같습니다. 융합적 지식의 전문가가 필요한 시점입니다.

조직 내에서 갈등이란 극복 가능한 것일까요? 아니면 흘러가는 대로 놔둬야 하는 것일까요?
아니면 어느 정도의 부작용을 감수하고 적극 해결해야 할까요?
아래에 자신의 생각을 적어봅시다.

제3장

조직을 살리는 리더의 건강한 생각들

0.
제3장 서문

　시대를 앞서가며 시장을 이끄는 기업들은 핵심 인재와 리더들을 모셔 오는 데 사활을 걸기도 합니다. 한두 명의 인재가 수십만 명의 미래 먹거리를 만들기도 합니다. 미국의 경우 고등학교의 전체 학력 수준은 세계 상위권이 아닙니다. 하지만 여전히 미국은 여러 면에서 세계 최고의 선진국입니다. 이른바 명문대라고 불리는 수많은 대학교에서 수많은 인재와 미래의 리더들을 키워내고 있기 때문입니다. 한 명의 훌륭한 리더는 하나의 조직을 혁신적으로 변화시킬 수 있으며, 그렇지 않은 리더가 있는 경우 그 반대의 길을 가기도 합니다. 미국을 비롯한 많은 나라의 다국적 기업에서 리더 양성과 리더십 교육에 상당히 많은 투자를 하는 이유이기도 합니다.

다만, 리더십 개발은 관련 책이나 기술적인 교육만으로는 분명 한계가 있는 영역입니다. 리더십이란 기술적인 지식을 바탕으로 리더가 무엇인가에 대한 끊임없는 고민과 생각들로 천천히 발전할 수 있는 영역입니다. 리더 혹은 리더십에 대해 바라보는 올바른 생각과 가치관이 있어야 본인만의 개성 있고 차별화될 수 있는 리더십을 만들 수 있으리라 생각됩니다. 본 장에서는 미래의 리더 혹은 현재의 리더들이 한 번쯤 생각해보았을 내용, 혹은 향후 생각이 필요한 부분들을 정리해보았습니다.

1.

제가 회사를 떠난 뒤
누군가가 나를 한 번이라도 생각할까요?

　회사는 대부분 직급과 직책을 가지고 있습니다. 팀의 성격에 따라 ○○팀장이라는 호칭을 달게 됩니다. 필자 역시 최고정보책임자(CIO)라는 직책을 가지고 있습니다. 사실 직급이란 개인적인 측면이 강합니다. 근속연수 등에 따라 본인의 잡 레벨(Job Level)을 회사에서 부여한 것입니다. 직책은 공적인 면이 큽니다. 많은 회사는 직급보다는 직책에 권한과 책임을 부여하게 됩니다. 필자가 몸담고 있는 회사의 경우도 예전부터 최고정보책임자(CIO)라는 직책이 존재해왔고 앞으로도 존재할 것으로 생각됩니다. 당장 이 순간은 최고정보책임자(CIO)라는 직책에 일시적으로 어떤 사람이 매칭되어 있을 뿐입니다. 많은 조직이 그러하겠지만 리더들은 어떤 권한이 주어졌을 때 그것이 본인에게 주어진 것이라 생각합니다. 물론 맞는 말이지만 조금 더 정확하게 표현하자면, 개인에게 주어진 권한이 아니라 직책에 주어진 권한입니다. 팀장 역할 등도 마찬가지입니다. 언젠가는 해당 직책과 역할을 다른 누군가가 수행할 것입니다.

따라서 긴 여정의 관점에서 보면 어떻게 하면 개인 자신이 아니라 해당 직책이 회사에 어떤 기여를 하고 역할과 책임을 다할 것인지, 그리고 업그레이드를 할 수 있을지 고민하고 이를 실행하려고 생각해야 합니다. 특히 미래의 해당 직책이 조직에 어떤 유산을 물려줄 것인가에 대해 많은 관심을 가져야 합니다. 거창한 유산이 아니라 조직에서 부서를 바라보는 인식, 직원들이 가졌으면 하는 경험, 노하우, 리더십 등을 모두 포함하고 있습니다.

어렸을 때 『아낌없이 주는 나무』를 읽어보신 분들이 많을 것 같습니다. 어떤 큰 나무와 어린 소년의 이야기를 다루고 있습니다. 어릴 적 소년에게는 나무가 그네가 되어주기도 하고, 나중에 성장한 소년이 돈이 없을 때는 자기 몸통을 내어주어 배를 만들게끔 도와주기도 합니다. 이제 나무도 나이가 들어 모든 것을 내어주게 되고 그루터기 하나만 남게 됩니다. 그래도 나무는 행복해합니다. 나무는 이제 노인이 된 소년에게 앉을 수 있는 자리를 만들어주는 것에 만족할 따름입니다.

결국 리더는 그런 것 같습니다. 남이 알아주든, 알아주지 않든 자기가 가진 모든 것, 아니 그 이상을 조직에 모두 남겨놓고 떠나야 하지 않나 합니다. 그게 꼭 거창할 필요는 없습니다. 자그마한 것 하나라도 조직에 도움이 되는 것이라면, 지금이라도 조금씩 후배들에게 상속을 하는 것은 어떨까요? 이러한 유산에는 세금도 없습니다. 본인이 만든 제품 하나, 서비스, 프로세스, 시스템, 조직 문화, 리더십 등의 유산이 후배 세대들에게 이어질 수 있다는 것 하나만으로도 여러분들은 리더의 참 역할을 수행하고 있는 겁니다.

2.
그런데 정말 리더가 꼭 필요할까요?

우리는 막연하게 리더는 필요하고 중요한 역할임을 다 알고 있습니다. 인간이 아닌 동물 세계에서도 리더는 존재합니다. 대표적으로 브이(V) 자 형을 만들고 이동 방향을 알려주는 기러기 리더도 있으며, 물을 찾아가는 코끼리 리더, 많은 물고기가 있음을 알려주는 범고래 리더도 있습니다. 왜 리더가 필요할까요? 한편으로는 리더는 별로 생산성 있는 일을 하는 것 같지도 않고, 말로만 일을 하는 것 같기도 합니다.

만약 이 순간부터 리더라는 직책을 없애고, 모든 사람들이 수평적인 관계에서 일을 한다면 어떨까요? 누군가는 한 번쯤 생각해본 상상일 것 같습니다. 실제로 이런 실험을 한 기업이 있었습니다. 구글이 2001년에 실험을 하였다고 합니다.

규모가 되는 팀의 팀장을 없애고, 몇 개월 뒤에 팀원들과 인터뷰를 진행하였다고 합니다. 핵심적인 질문은 팀장 없이 그대로 가는 것이 좋은 것인지, 아니면 팀장이 필요한지, 그렇다면 그 이유는 무엇인지 하는 내용이었습니다.

결론은 팀장이 있어야 한다는 것으로 결론이 났다고 합니다. 그 이유로는 첫째, 보고 배울 수 있는 사람이 있어야 할 것 같다. 둘째, 의사결정자가 필요하다. 셋째, 팀원들 간 어색한 사이 혹은 갈등을 중재할 수 있는 중재자가 있어야 하는 것이 주 이유였다고 합니다. 현재까지도 구글은 혁신적인 기업이지만, 팀장 제도를 유지하고 있습니다.

구글에서는 또 다른 실험을 하였습니다. 상위 평가 25%에 있는 팀장과 하위 25%에 있는 팀장의 팀원을 서로 바꾸어 일을 진행시켜보았습니다. 예상하다시피 낮은 성과를 보여주던 팀원들이 좋은 팀장 아래에서는 성과를 확실하게 내기 시작하였으며 그 반대는 스트레스, 퇴사 등으로 상당한 수의 직원이 저성과자로 전락하게 되었다고 합니다. 우리는 훌륭한 리더는 저성과자 팀을 최고의 팀으로 만들기도 하지만 그렇지 않은 리더는 훌륭한 인재들이 모인 집단을 저성과자 집단으로 만들기도 한다는 것을 잘 알고 있습니다.

그동안의 경험을 바탕으로 하면, 훌륭한 리더라고 볼 수 있는 사람은 아래와 같은 특성을 일반적으로 가지고 있는 것 같습니다.

첫째, 리더는 통제 혹은 관리하는 것이 아니라 정신적 지주의 모습을 보여줍니다. 어떠한 고민과 이슈가 있을 때 마음 편히 찾을 수 있는 리더, 그냥 존재만 해도 마음의 평온을 찾을 수 있는 리더가 최고가 아닌가 합니다.

둘째, 권한과 책임의 위임입니다. 본인을 믿고 맡기는 리더만큼 신뢰가 가는 리더는 없으며, 본인이 맡은 바 그 이상을 하게 되는 경향을 자주 보이게 됩니다.

셋째, 삶과 일의 코치를 할 수 있는 리더입니다. 특히 팀원의 경력개발을 고민하고, 생각하고, 이를 이끌어주는 리더를 만나는 것은 정말 행운인 것 같습니다.

넷째, 보고 배울 수 있는 리더입니다. 경험, 인사이트, 기술적 지식 등을 자주 공유하고 모범을 보여주는 리더입니다.

다섯째, 정보를 공유하는 리더입니다. 정보를 독점하는 리더는 결코 좋은 리더가 될 수 없습니다. 정보에는 본인의 노하우, 조직 정보, 업무 경험 등이 망라되어 있습니다. 본인이 취득한 좋은 정보는 팀원들에게 아낌없이 공유하고, 그 대신 본인은 또 공유할 정보와 각종 노하우를 습득해야 합니다.

마지막으로, 사람 보는 눈을 가지는 것입니다. 저도 수많은 인터뷰를 진행해보았지만, 필자의 직관이 얼마나 잘못되었는지 알게 되는 사례가 종종 있었습니다. 사실 이 부분은 신이 아닌 이상 어느 정도 수준 이상으로 올라가기는 쉽지 않을 것 같기도 합니다. 어떤 리더가 있음으로써 정신적으로 마음의 평온을 갖게 하는 리더야말로 최고의 리더가 아닌가 합니다.

3.
다른 리더들과 차별화된 리더가 되고 싶습니다

　리더가 가져야 할 여러 항목 중에 가장 으뜸은 '신뢰'인 것 같습니다. 신뢰가 있는 상하 관계 혹은 동료 관계에서는 그 어떠한 설득도 필요 없게 됩니다. 이번에는 특히 직장 생활에서 중요한, 조직의 신뢰를 얻는 방법에 대해 이야기해보려고 합니다. 물론 신뢰는 하루아침에 이루어지지 않으며 최소 수년간 지속적으로 이루어져야 합니다. 특히 조직에서 성공한 분들이 가진 리더십의 공통점은 신뢰를 바탕으로 하고 있다는 점입니다.

　첫째, 한발 앞서 리스크를 예측하고 해결하는 사람입니다. 상사들은 보통 본인만의 일들이 있고 그 일에 집중하기를 원합니다. 따라서 어떤 이슈에 대해 수동적으로, 그리고 기한에 가까워져서 해결해야 하는 이슈 및 리스크 사항에 대해서는 그리 달갑게 생각하지 않습니다. 리스크를 한발 앞서 파악하고 이를 해결하는 능력을 보여주는 것은 신뢰를 가장 빨리 쌓는 방법입니다. 상사는 어떤 일에 대해 시시콜콜하게 하지 않으면서 신뢰를 바탕으로 권한 부여를 계속 하게 됩니다.

둘째, 누구도 맡지 않으려는 일을 자진하여 수행하는 사람입니다. 리스크가 크고, 잘해야 본전인 일은 누구도 하고 싶지 않습니다. 자진까지는 아니더라도 어떤 일에 대해 제안을 받았을 때 이것저것 따지며 조건을 이야기하는 경우는 생각해보아야 합니다. 필자도 예전의 기억을 보면 어차피 하게 될 일, 그냥 속 시원하게 잘해보겠다고 하지 못한 것들이 한 번씩 후회로 남은 경험이 있습니다. 이러한 이미지가 있으면 그 사람이 'No'라고 이야기하였을 때는 말에 상당한 신뢰의 힘이 실려 모두가 '이건 아니다'라고 여길 수 있습니다.

셋째, 보통 부하 직원의 눈치, 여러 업무 부담 등으로 개인 자신, 팀을 우선 생각하는 것은 너무나 당연한 일입니다. 그러나 이때 부서 전체, 회사 전체를 한번 생각하고 일을 한다면 그것만큼 본인을 차별화하는 방법은 없는 것 같습니다. 보통 사람은 본인의 울타리를 만들고 있습니다. 그런데 그 울타리를 넓혀 생각해야 하는데도 보통 그 울타리를 보다 견고히, 그리고 좁혀가고 있는 상황도 많은 것 같습니다. 울타리를 크게 한번 넓혀보세요. 극복만 하면 그 부서, 팀에게는 엄청난 플러스 요인이 될 수 있습니다.

넷째, 기본과 원칙에 충실한 사람입니다. 정치적으로 일하는 분들은 인정받는 데 분명 한계가 있습니다. 물론 어느 정도 조직 돌아가는 상황에 대한 감각을 가지는 것이 좋습니다. 다만, 그 어떤 정치적인 고단수도 주어진 과업을 기본적으로 충실히 하는 사람은 이길 수 없습니다. 또한 도덕성(Ethic, Integrity)에 문제가 있는 리더는 그 어떤 성과를 보여주더라도 사상누각에 불과합니다.

다섯째, 공부하는 리더입니다. 모두가 직장 생활을 하면 경험을 쌓게 됩니다. 다만 직책에 따라 그에 맞는 지식의 업데이트가 필요합니다. 경험은 우리가 어떤 일을 함에 있어 소중한 자산입니다. 하지만, 여기에 지식의 업데이트와 학습이 있어야만 그 경험이 더욱더 빛을 발할 수 있습니다. 회사 내에서 어떤 정보를 독점하는 것이 아니라, 새로운 지식으로 계속 무장하는 사람은 조직에서 인정할 수밖에 없습니다. 부하 직원 혹은 동료가 바라보았을 때 가장 관심이 없는 사람은 배울 것이 없는 사람입니다.

보통 중견기업 이상의 회사에서 사원으로 입사해 임원이 될 확률은 1% 수준이라고 알려져 있습니다. 무엇이 그 1%를 만드는지 한번 생각해보면 어떨까 합니다. 확언은 하지 못하겠지만, 위 내용 중에서 4개 이상을 이루어낸다면 반드시 1% 안에 드실 겁니다. 또한 간과해서는 안 될 부분은, 각각을 실천함에 있어 몇 개인지도 중요하지만 하나를 하더라도 일의 품질과 진정성이 더 중요하다는 점입니다.

4.
제가 당장 리더로서
해야 할 일이 무엇인가요?

학창 시절 오케스트라 단원이었던 필자는 지금도 오케스트라 심포니 영상과 음악을 유튜브에서 즐겨 보곤 합니다. 특히 심포니는 영어로 표현하자면 'Symphony'란 단어입니다. 'Sym'은 '동시에'라는 뜻을 가지고 있고, 'Phony'는 '소리'라는 뜻을 가지고 있습니다. 따라서 해당 단어는 '동시에 소리를 낸다', '조화롭게 소리를 낸다'라는 의미를 가지고 있습니다.

오케스트라는 수십 개의 악기가 서로 다른 악보를 가지고 있습니다. 음색, 음량, 음높이 등 완전히 다른 악기들이 서로 조화롭게 아름다운 소리를 동시에 낸다는 것은 그리 쉬운 일이 아닙니다. 단원 개개인의 역량도 중요하겠지만, 이러한 조화로운 소리를 만들어내는 데 있어 가장 결정적인 역할을 하는 사람이 '지휘자'입니다.

우리는 공연할 때 지휘하는 모습만 보고, 글쎄, 굳이 지휘자가 없어도 잘할 것 같은데 하는 생각을 하기도 합니다. 그러나 우리가 공연에서 보는, 지휘하는 지휘자의 모습은 지휘자 역할의 10% 미만입니다. 지휘자의 역할은 모든 연습을 총괄하고, 편곡, 개별 코칭, 단원의 채용, 행정적인 일 등 모든 일을 지휘하고 관리 감독하게 됩니다. 지휘자가 단원들과 연습할 때를 보면, 완전하지 않은 구간이 있으면 될 때까지 같은 구간을 수없이 반복하기도 합니다.

단원들은 각기 맡은 악보만 보면 됩니다. 트럼펫은 트럼펫 악보만, 바이올린은 바이올린만 보면 됩니다. 근데 지휘자의 악보를 보면 한 페이지에 중요 악기의 모든 악보가 있습니다. 한 페이지에 총 15개의 오선이 있다고 한다면, 총 15개 개별 악기의 악보가 모두 그려져 있습니다. 한 악장의 지휘자 악보는 굉장히 두껍습니다.

유명한 베토벤 '합창'의 경우 총 70여 분에 이르는 엄청난 길이의 곡입니다. 보통 오케스트라의 최소 악기 수는 15개 정도입니다. 보통 최소 15개 악기 악보의 70분 분량을 암기합니다. 대부분 지휘자가 연주하는 교향곡이 수십 개 정도이니, 지휘자의 암기 능력은 상상을 초월할 것 같습니다.

중학생 단원일 때 일입니다. 연습 준비 전에 보통 모든 악기의 기본음을 맞추는 조율을 합니다. 그때 전자 조율기를 씁니다. 여러 개 악기의 '도' 음을 정확히 맞출 수 있어, 연습 전에 필수적인 과정입니다. 근데 하루는 그 조율기가 고장이 나서 조율을 못 하는 상황이 되었습니다. 그때 관현악단 선생님이 지휘자이셨습니다. 수십 년간 관현악단을 지휘해온 분 이셨습니다. 선생님이 피아노 담당에게 '도' 음을 5초 간격으로 치라고 하셨습니다. 그런 다음, 50여 명의 단원들의 조율을 다 해주셨습니다. 놀라웠던 점이 있습니다. 트럼펫 같은 경우는 쉽습니다. 조율을 담당하는 관 하나만 이리저리 움직이면 됩니다. 하지만 현악기는 줄이 4개인데, 바이올린, 첼로, 콘트라베이스 각 4줄의 정확한 음을 기억하고 계신다는 점에 그 어린 마음에 굉장히 놀랐던 것 같습니다.

아마 지금 필자의 나이가 그 선생님의 그때 나이 정도 되지 않았을까 합니다. 그러나 지금의 필자는 그 선생님을 못 따라잡은 것 같습니다. 따라잡는다는 표현이 무색할 정도로, 비교 자체가 되지 않는 것 같습니다.

집에서도 마찬가지인 것 같습니다. 부모로서, 특히 아빠로서 자식의 교육에 참여하는 것은 여러 논쟁이 있을 것 같습니다. 보통 40대 정도면 대부분 초등학교 혹은 중학교 자녀들이 있을 것 같습니다. 앞으로 중고등학생이 되면 학업적인 부분으로 갈등을 겪을 수 있습니다. 성적만 가지고 이야기하는 것은 절대 바람직하지 않고, 자녀에게 실질적으로 도움이 되는 것을 아주 부드럽게 코칭해야 합니다. 그러기 위해서는 실제 공부하는 내용과 트렌드를 어느 정도 알아야 합니다. 우리가 현재의 내신 및 수능 트렌드를 모르고 우리의 예전 방식으로 자식에게 코칭하는 것은 반감만 일으키게 되며, 결코 바람직하지 않은 것 같습니다. 코칭을 하려면 최소한 수능은 어떤 내용으로 출제되는지 한 번쯤 문제집을 보고 본인의 경험을 이용하여 도움을 주는 방향으로 가는 것이 좋을 것 같습니다.

리더 혹은 가장이란 그만큼 어려운 것 같습니다. 지휘자처럼 모든 팀 혹은 팀원의 업무 내용을 정확히 알고 있어야 하며, 이를 조화롭게 이끌어나가야 합니다. 숲과 나무를 같이 볼 수 있는 역량을 갖추어야 합니다. 리더는 숲을 잘 가꾸는 것과 같습니다. 각 나무가 건강하게 잘 자라야 훌륭한 숲을 만들 수 있고, 또 좋은 숲이 있어야 새로운 나무가 잘 자랄 수 있습니다. 리더란 힘들고 외로운 역할입니다. 다만 분명 해볼 만한 가치 있는 역할임에는 틀림없는 것 같습니다. 물론 이를 일반화할 수는 없습니다. 상황에 맞게 숲과 나무를 관리하는 밸런스 비율은 달라질 수 있습니다.

5.
단순한 질문인데, 팀(Team)이 정확히 무엇인가요?

'팀'이란 단어는 우리가 하루에도 수십 번씩 쓰는, 우리에게 너무나 익숙한 단어이지만 과연 무엇이 더 있을까 할 수도 있습니다. 'Team'의 어원을 살펴보면 게르만어에서 나왔다고 하는데 가족(Family), 민족(Race) 등의 의미라고 합니다.

필자는 팀을 '두 명 이상의 사람이 모여 어떤 하나의 공통된 목표를 추구하는 집단'이라고 정의하고 싶습니다. 중요한 것이 공통된 목표입니다. 예를 들어 국가대표팀, 야구팀같이 스포츠에서도 많이 쓰이고, 회사에서도 'Task Force Team(TFT)', 영업팀, IT팀 등 매일 수십 번씩 사용하는 단어입니다.

스포츠에서 팀의 목적은 상대방과 경기를 하여 이기는 것입니다. 군인의 경우도 역시 상대와 싸워 이기는 것입니다. 회사의 경우 각각 고유한 목표가 있습니다. 우리는 스포츠 팀도 아니고 군인도 아니니 이제 회사 차원에서만 이야기를 나누어보면 될 것 같습니다.

우선 팀 제도의 유형입니다. 팀제의 가장 큰 유형은 '대팀제'와 '소팀제'의 두 가지로 나누어 볼 수 있습니다. 물론 각각의 장단점이 있습니다. 그건 회사 상황에 맞게 선택하나, 최근의 경향은 소팀제가 많습니다. 대팀제의 경우 하나의 부서를 기준으로 하자면 2~3명의 시니어 리더들이 전체 팀을 관리하고 그 아래 일종의 파트 혹은 소팀이 존재하는 경우입니다. 즉, 보통 해당 대팀제의 소수 리더들이 조직장과 소통하는 구조입니다. 소팀제의 경우 6~8개의 개별 팀이 존재하고, 각각의 팀장들이 조직장과 소통하는 구조입니다. 소팀제의 장점은 조직의 계층구조를 줄일 수 있다는 점이며, 이로 인해 조직장부터 팀원까지의 거리가 짧아지게 됩니다. 또한 조직장이 전체 업무 구조를 파악할 수 있다는 장점이 있고, 의사결정 단계가 적다 보니 의사결정이 빠르다는 장점도 있습니다. 다만 여러 연구에 의하면, 하나의 조직장에 보고하는 리포팅 라인은 최대 8개가 적절하고 이를 넘어가면 효율이 떨어지는 것으로 밝혀지고 있습니다.

다만 대팀제보다는 팀별 R&R적인 부분에 있어 거미줄 형태로 복잡해지는 경우가 있어, 조직장의 높은 통합 리더십 능력을 필요로 하게 됩니다. 물론 대팀제의 경우도 두세 분의 시니어 리더들 사이의 협업에 문제가 있으면 소팀제보다 더 힘들어질 수 있는 상황이 생기기도 합니다.

소팀제가 최신의 트렌드가 된 이유에는 효율성적인 측면도 있지만 미래의 여러 조직장들을 키워낼 수 있다는 장점이 있기 때문입니다. 상대적으로 젊었을 때부터 조직 관리 및 인적 관리에 대한 경험을 쌓을 수 있기 때문입니다. 나이가 들수록 인력 관리 스킬이 상당히 많이 필요할 때가 있습니다.

대부분 회사의 존재 이유는 이윤 추구입니다. 영업팀의 경우는 매출 극대화를 통해 매출 성장을 도모하는 일입니다. 인사팀의 경우 좋은 경력개발과 훌륭한 인재를 초빙하는 역할을 담당합니다. IT의 경우 기술적 자산을 이용하여 업무의 효율성과 효과성을 극대화시킵니다.

가장 중요한 부분은, 팀이 가진 본연의 근본적 존재 이유와 추구 목표를 항상 명확히 해야 한다는 점입니다. 또한 팀은 팀워크가 뒷받침되어야 합니다. 야구에서 한 명의 타자가 4타수 4안타를 쳤습니다. 그런데 팀이 경기에서 졌습니다. 이게 무슨 의미가 있을까요? 경기에서 이길 수 있는 팀이 되는 방법을 생각해보았으면 합니다.

6.
사람들은 하나도 손해 보려고 하지 않고 희생만 강요합니다

애덤 그랜트의 『기브 앤 테이크』에 의하면 사람 유형은 크게 3가지로 나누어진다고 합니다. 첫째, '주는 사람(Giver)'입니다. 둘째, '받는 사람(Taker)'입니다. 셋째, '주고받는 사람(Matcher)'입니다. 보통 많은 부류들이 'Matcher'에 해당됩니다. 받은 만큼만 돌려주거나, 준 만큼 기대를 하기도 합니다. 보통 사회생활도 무난하게 하는 유형입니다.

'Taker'의 경우는 요즘 환경에서 살아남기가 그리 쉽지 않은 것 같습니다. 보통 손절을 당하는 경우가 많습니다. 그런데 이상하게도 권력이 있거나, 자산이 많은 사람들 중에 은근히 'Taker'가 많은 것도 같습니다.

사실 'Giver'가 애매한 경우입니다. 극단적인 경우로 나누어지기도 합니다. 극도로 존경받거나, 아니면 바보 취급당하는 경우입니다. 금전적인 면을 보면 가난하거나 혹은 이와 대조적으로 대단한 자산가가 많은 것 같습니다. 가진 것 없이 주다 보면 상황이 더 나빠질 뿐입니다. 많은 대부호들이 자선사업을 많이 하는 것을 보셨을 겁니다. 그러한 기부가 그들에게는 최대의 행복이라고도 합니다.

이를 좀 다른 시각으로 보고자 합니다. 회사 생활에서 'Giver', 물론 100% 'Giver'가 아닌, 최소 51% 이상의 'Giver'(Matcher는 50%라고 가정)가 되면 어떨까 생각합니다. 즉, 나와 직접적인 관련은 없지만 하나라도 도와주자는 생각입니다.

물론 자신의 일을 일차적으로 하고, 이차적인 일에 'Giver'가 되어야 합니다. 사실 혼자서 'Giver'가 되는 것보다 훨씬 효율적인 것은 몇 사람이 같이 동시에 'Giver'가 되는 것입니다. 3명에게 만약 60%의 'Giver' 성향이 있습니다. 이들의 합은 산술적으로 180%가 됩니다. 하지만 세 명이 동시에 'Giver'가 되었을 때 시너지가 발생하여, 그 총합은 최소 180% 이상이 될 수 있습니다. 서로가 가진 강점을 이용하여 서로 도울 수 있다면 그 힘은 혼자 할 때보다 훨씬 효율적이게 됩니다. 특히 상하 직원 간에 'Giver'가 된다는 것은 여러분들이 생각하는 이상으로 큰 효율성을 발휘합니다.

다만 세 사람의 'Giver' 성향이 40%라면 세 사람이 합쳐 120%이지만, 중간에 들어가는 여러 가지 논쟁이나 회의 등을 감안하면 그 효율성은 훨씬 더 떨어져 총 합의 최대 120%를 넘을 수 없습니다.

집안에서도, 친구에게도, 동료에게도 최소 51% 이상의 'Giver'가 한번 되어보는 건 어떨까 합니다. 분명 코드가 맞는 분들이 있을 겁니다. 그러한 그룹이 뭉쳐지고, 또 다른 그룹에 영향을 주게 되면 더할 나위 없을 것 같습니다. 물론 그러한 환경을 조성하고 만드는 일은 쉬운 일은 아닙니다. 리더들이 해야 할 일이기도 합니다.

7.

일을 추진하는 데
현재까지의 경험으로도 충분한 것 같은데요?

통찰력(Insight)은 무엇이라고 생각하십니까? 그리고 통찰력이 우리가 살아나가는 데 도움이 될까요? 쉽게 생각하면 어떤 현상, 상황에 대해 꿰뚫어보고 답을 구한다든지 미래를 어느 정도 예측할 수 있는 능력을 의미합니다. 좀 더 쉽게 말하면, '지혜'와 가장 유사한 말인 것 같습니다. 우리는 '저 사람은 지혜롭다'라고 하기도 하는데, 이는 사실 그 사람은 통찰력이 있다는 의미와도 관련됩니다. 지혜로운 사람이 되고 싶으신가요? 이 지혜가 극에 달하면 우리는 '현자'라는 칭호를 얻게 됩니다. 현자까지는 아니더라도 우리가 일을 함에 있어, 혹은 집안의 가장으로서 지혜를 가지고 있으면 부하 직원, 동료, 상사, 가족 구성원들로부터 존경을 받게 됩니다.

그럼 어떻게 지혜, 즉 통찰력을 키울 수 있을까요? 우리가 오해하지 않아야 될 부분은, 통찰력은 절대 경험으로만 얻을 수 없다는 점입니다. 경험도 아주 중요한 요소이기는 하지만, 경험 중심의 통찰력은 본인이 경험한 부분이 전체이기 때문에 오류를 범할 수 있는 확률이 커질 수 있습니다. 예를 들어, 우리가 과거로 갔다고 해 봅시다. 우리는 이순신 장군의 일대기를 잘 압니다. 여러분도 잘 알다시피 모함에 의해 옥고를 치른 경험이 있습니다. 우리가 만약 이순신 장군의 전체 일대기, 즉 10세에서 53세까지의 전체 파노라마를 보지 않고 옥고를 치르는 그 순간만 보게 되면 '아, 저분이 어떤 죄를 지었구나, 나쁜 사람이구나.' 이렇게 판단할 수 있습니다. 하지만, 10~53세까지의 전체를 보면 이는 누명이라는 것을 알게 됩니다.

우리가 통찰력, 즉 지혜를 가지기 위해서는 경험을 기초로 하되 많은 공부를 해야 합니다. 다시 말해 지식을 습득해야 합니다. 공부를 할 때 전공 혹은 전문 지식도 좋지만 역사, 인문학 등 순수 인문학 책들도 많은 도움이 됩니다. 삼성 회장인 이재용 씨는 서울대에서 동양사학을 전공하였습니다. 처음 들었을 때는 조금 의아하게 생각하였습니다. 보통 경영이나 경제학 전공을 했을 것이라고 생각할 겁니다. 나중에 안 사실이지만, 삼성의 창업자이자 할아버지인 이병철 전 회장의 권고가 있었다고 합니다. 경영학은 언제든지 배울 수 있으니 조금이라도 어렸을 때 인문학을 통해 인성과 지혜를 쌓으라는 할아버지 때문이었다고 합니다. 추후 석사 과정에서는 경영학을 전공하였습니다.

또한 본인을 돌아보는 생각을 많이 해야 합니다. 가능하다면 하루 1시간 정도는 여러 사색을 해보는 것도 많은 도움이 됩니다. 경험, 공부, 자기 생각 등을 하다 보면 어느 순간 어떤 현상에 대해 큰 그림이 보이게 되며 통찰력을 얻게 됩니다. 어떤 경지에 오른 의사들은 각종 검사를 하기 전에 진료실에 들어오는 환자의 얼굴, 걸음걸이만 보고도 어디가 아픈지 진단한다고 합니다.

이러한 통찰력과 지혜는 비단 회사 일뿐만 아니라 가정에서도 많은 도움을 줄 수 있습니다. 어떤 일을 해결할 때 도움을 주고 시행착오를 줄이는 데는 통찰력만 한 것이 없습니다.

8.
리더로서 제가 모든 책임을 져야 하나요?

책임은 영어로 'Responsibility'라고 합니다. 'Response'와 'Ability' 의 합성어입니다. '어떤 반응에 대한 능력 정도'로 해석할 수 있습니다. 보통 상사는 직원에게 어떤 과업을 주게 됩니다. 당연히 반응이 있습니다. 그 반응은 개인에 따라 온도차가 꽤 큽니다. 반드시 해야겠다는 분도 있고, 시키니까 할 수 없이 해야겠다는 분도 있습니다. 즉, 그 반응을 받아들이는 깊이로 인해 책임감의 강도도 달라질 수 있습니다.

직장에서의 책임감은 성공 및 한 단계 성장하는 데 가장 중요한 역량 중 하나입니다. 어떤 일을 수행할 때는 두렵기도 합니다. 하기도 싫습니다. 오래전 이런 사례가 있었습니다. 손해보험을 다루는 회사의 직원이었습니다. 이분의 영업으로 중동의 어떤 공장 건설의 손해보험을 수주하게 됩니다. 큰 수주 금액이었습니다. 하지만 수십 년 만에 온 중동의 해양 폭풍으로 공장 건설이 지연되고, 많은 시설물들이 파손되어 회사 입장에서 많은 보험금을 지급하게 되었습니다. 회사에 큰 손해를 끼친 그분에 대한 시선은 곱지 않았습니다. 보험금 산정도 쉬운 일이 아니었습니다. 그런데 이분은 사표는 일단 6개월 뒤로 미루고 그 손해를 최소화하기 위해 정리를 시작했다고 합니다. 정리가 불가능하리라는 의심 속에서, 6개월 안에 보험 처리를 완벽히 끝냈다고 합니다. 이분은 오히려 고도로 복잡한 일을 훌륭하게 처리하여 더 승진하는 영광도 누리게 되었습니다. 리더가 어떤 과업을 맡길 때 가장 중요하게 보는 요소에서 능력도 중요하지만, 과업을 맡은 사람의 책임감과 그 일을 이번에도 해낼 수 있을 것이라는 신뢰입니다.

9.

리더에서 한 단계 위의 리더가 될 수 있을까요?

책임의식과 주인의식은 어떻게 다를까요? 몇 가지 케이스로 나누어 생각해보기로 하죠.

제일 안 좋은 경우가 책임의식이 없는 경우입니다. 물론 일이 힘들다 보면 그럴 수도 있습니다. 그런 분들의 마인드는 '왜 내가 이 일을?' '글쎄, 난 자신 없는데.' 이런 마인드가 강합니다.

두 번째는 책임의식만을 가지고 있는 경우입니다. 물론 결과의 성패를 따라, 리더 입장에서는 첫 번째보다는 당연히 긍정적으로 보게 됩니다. 어떤 주어진 임무에 대해 책임을 가지고 일을 완수해냅니다. 우리가 보통 이야기하는 하는 '기대수준만족(Meet

Expectation)'입니다.

세 번째는 주인의식입니다. 주인의식은 책임의식을 포함하지만, 더 넓은 의미입니다. 사실 오너가 아닌 이상 주인의식을 가지기는 쉽지 않습니다. 다만 최소한 하나의 팀을 맡고 있는, 더욱이 하나의 부서나 본부를 책임지고 있는 리더의 경우 주인의식이 반드시 필요하지 않을까 합니다. 주인의식이란 나에게 주어진 과업을 어떤 책임감에 의해 하는 것이 아닌, 내 일이라 생각하고 하는 마음가짐입니다. 바닥에 떨어진 휴지 하나라도 자신의 회사라고 생각하고 줍는 모습을 상상해봅니다.

책임의식은 주어진 과업을 위해 책임을 다해 프로젝트를 완료합니다. 다만, 주인의식은 여기에서 한 단계 더 들어가야 합니다. 팀원들을 가족같이 생각해야 합니다. 어떻게 일을 효율적으로 할까? 성과에 대해 어떻게 보상을 할까? 직원들의 피로감을 줄이기 위해 어떤 대안을 가지고 있을까? 이런 고민을 해야 합니다. 특히, 표면에 보이는 것이 아니라 근본에 충실해야 합니다. 책임의식과 주인의식의 가장 큰 차이는 간단합니다. 책임의식은 시키는 일에만 아주 충실합니다. 다만 주인의식은 누가 시키지 않아도 일을 하려고 하고 이를 위해 고민하고 행동하는 의식입니다. 이러한 주인의식은 여러분들이 앞으로 한 단계 더 성장하는 데 큰 원동력이 될 수 있습니다.

10.
우리는 살아 있는 것 자체가 기적입니다

　우주 빅뱅이 138억 년 전에 발생하였고, 관측 가능한 우주의 크기는 930억 광년이라고 합니다. 빛이 1초에 지구를 7.5바퀴 도니까 상당히 빠른 물질 혹은 입자임에는 틀림없으나, 빛도 우주에서는 정말 느린 속도입니다.

　여러 계기로 인해 한 번쯤 죽음에 대해서 생각을 해보셨으리라 생각됩니다. 그런데 한편으로 생각하면, 살아 있다는 게 정말 신기한 것 같기도 합니다. 930억 광년이라는, 상상도 할 수 없는 거대한 공간에 아주 극소수를 제외하고 살아 있는 것이 별로 없습니다. 모든 별, 우주 등에 살아 있는 유기체는 현재까지 발견된 적 없습니다. 우리 지구의 유기체를 제외하고 전부 죽어 있는 상태입니다.

우주의 모든 물질들은 원자로 구성되어 있는데, 이 원자들이 모여 살아 있는 하나의 생명체가 될 수 있다는 것도 너무 신기한 것 같습니다. 사람에게는 100조 개의 세포가 있고, 하나의 세포에 100조 개, 즉 1해의 원자가 있다고 합니다. 그러나 과연 1해의 레고 부품이 있다고 하더라도 그 레고가 지적인 생명체로 발전할 가능성은 없을 것 같습니다.

모든 것들이 죽어 있는 이 우주에서, 1해의 원자들이 만들어낸 우연이 우리 인간, 그리고 그 인간이 만든 사회입니다. 정말 찰나같이 스쳐 지나가는 삶에서, 믿을 수 없는 확률에 살고 있는 세상인 것 같습니다. 결국, 하루하루 크지는 않지만 소소한 행복을 느끼고 살아가는 것이 중요한 시대가 되었습니다. 우리가 조직 생활을 할 때 가장 스트레스를 받는 것이 무엇일까요? 일, 보상 등 많은 부분이 있겠지만 결국 사람 관계인 것 같습니다. 협업(Collaboration), 상대방 고려하기 및 위하기(Take Care of Each Other)가 결국 우리가 조직에서 조그마한 행복을 느끼고 살아나가는 원동력이 되는 것 같습니다.

11.
하고 싶은 것도 많고
행복해지고 싶습니다

　잠자리에 들기 전에 큰 근심 없이 잠을 청할 수 있는 그런 조건이나 환경이 행복하다고 말하는 사람도 있습니다.
　고통보다는 당연히 행복이 좋습니다. 인간이 살고, 삶을 영위하는 목적 중의 하나도 행복 추구인 것 같습니다. 왜 행복이라는 용어가 많이 이야기되는 것일까요? 그만큼 삶 자체에 행복보다는 고통이 상당히 많다는 의미인 것 같습니다.
　언제 행복하지 않다고 느낄까요? 많은 경우가 있겠지만, 우리가 원하는 바를 이룰 수 없을 때 혹은 실패했을 때, 억압받을 때 그런 기분이 드는 것 같습니다. 반대로, 언제 가장 행복한 마음을 느낄까요? 자기가 원하는 바를 이루어냈을 때 가장 많은 행복감을 느끼는 것 같습니다. 원하는 자식을 얻었을 때, 승진을 했을 때, 큰돈을 벌었을 때, 칭찬을 들었을 때 등일 것 같습니다.

그런데 문제는 이러한 행복이 지속 가능한 것인가 하는 점입니다. 큰돈을 번 이후에는 잠시 행복하지만 그 행복감은 곧 없어집니다. 또한 행복은 '한계효용체감법칙'을 따른다고 봅니다. 경제 용어이지만 유명한 이론입니다. 같은 빵 하나이지만, 배고플 때 먹은 빵 하나의 맛은 빵 9개를 먹고 10개째를 먹을 때와는 비교가 되지 않을 겁니다.

행복과 고통은 주식 시장처럼 왔다 갔다 합니다. 새옹지마라는 말이 유명합니다. 고통 뒤에 좋은 일이 온다는 전화위복이라는 말도 있습니다.

그럼 어떻게 해야 할까요? 욕구를 낮출까요? 욕구를 낮추면 이루고자 하는 것이 없기 때문에, 성취하지 못한다고 하더라도 고통도 받지 않습니다. 근데 이건 좀 아닌 것 같습니다. 삶의 목표는 있어야 합니다.

필자가 찾은 방법은 조그만 행복(Small Happiness)입니다. 그냥 소소한 것에 감사하고 행복을 느끼는 것입니다. 필자는 지방에서 자랐지만, 아파트에 이사 간 것은 중학교 때였던 것 같습니다. 주택에 살 때는 머리 감는 것, 샤워하는 것, 밖에 있는 화장실 등 모든 것이 불편했습니다.

현재 아파트에 살고 있는 지금, 오늘 아침에도 씻을 때 참 행복한 삶을 살고 있구나 했습니다. 또한 내가 나갈 회사가 있구나, 내가 나가서 함께 점심 한 끼 할 직원들이 있구나, 내가 일과를 마치고 좋아하는 유튜브를 볼 수 있는 시간이 있구나. 뭐 이런 사소한 것들입니다. 이게 꽤 효과가 있습니다. 필자의 잠재의식 속에 있는 여러 고통과 스트레스 등을 저도 모르게 치유하는 것 같습니다. 행복은 따로 없는 것 같습니다. 그냥 일상에서 감사하고 소소한 기쁨 느끼기, 그만 한 것도 없는 것 같습니다.

12.

전 제 팀원의 좋은 점들이
잘 보이지 않습니다

　우리가 상대를 볼 때 어떤 사람에 대한 아쉬움이나 불만과 존경, 칭찬에 대해 생각하는 비율이 얼마나 될까 하는, 답이 뻔한 생각을 한번 해보았습니다. 우리는 당연히 학교생활보다 직장 생활이 힘들다고 합니다. 물론 일적인 부분도 있겠지만, 상당 부분이 사람 관계로부터 오는 스트레스로 힘들다고 하는 것 같습니다. 한국은 서양과 같은 개인주의도 아닙니다. 일본 같은 집단주의도 아닙니다. 한국 사회는 모든 것이 관계로 이루어집니다.
　관계주의하에서는 수많은 사람과 관계가 얽히기 때문에, 상대방에 대한 불만과 아쉬움이 클 수밖에 없습니다. 사실 이러한 부분은 습관입니다. 상대방에 대한 불만과 아쉬움에 대한 습관은 무의식으로 하여금 계속 흠을 찾게 합니다. 따라서 그 반대로, 의식적으로 그리고 습관적으로 상대방에 대해 존경과 칭찬할 점을 한번 찾도록 하는 것입니다. 조직의 팀원에 대해 칭찬할 점과 존경할 점을 한 번씩 찾아보는 것도 도움이 될 수 있습니다. 관점을 다시 생각하면, 미처 보지 못했던 부분들을 발견할 수 있을 것입니다. 필자에게 보고하는 팀장님들에 대해 생각해본 칭찬입니다.

A라는 분은 책임감과 주인의식이 특출합니다. 주인의식과 책임감은 좀 다릅니다. 책임감은 본인의 일만 하는 것이지만 주인의식은 본인이 가만 있으면 이 역시 책임을 다하지 못하는 것이라고 생각하는 것입니다. 제가 많이 배울 점입니다. 이 부분에 속한 분이 참 많았던 것 같습니다.

B라는 분은 변화와 적응력에 있어 타의 추종을 불허합니다. IQ 혹은 EQ를 넘어 요즘은 적응력을 최고로 뽑기도 합니다. 변화에 순응하며, 이를 적극적으로 받아들이고 변화를 이끄는 내용 역시 제가 본받을 점입니다.

C라는 분은 리더십과 포용력에 있어 타의 추종을 불허합니다. 그동안 지속적으로 개발한 리더십은 이제 어느 정도 높은 수준에 도달했다고 봅니다. 아울러 그러한 리더십과 따듯한 포용력까지 갖추고 있으니 금상첨화입니다.

D라는 분은 신뢰의 끝판왕입니다. 꾸준하고 지속적인 'Reliability'

는 아주 높은 수준의 신뢰를 보여주고 있습니다. 어떠한 일을 주면, 이 팀장님의 경우 대안(Contingency)을 준비할 필요 없구나 하는 수준까지 올라온 분입니다.

E라는 분은 뚝심의 끝판왕입니다. 우리가 보통 '장형'이라고 하는데, 뚝심을 보여주는 분입니다. 여러 어려움과 난관이 있어도 이를 헤쳐나가고 결국 끝장을 내는 분입니다.

F라는 분은 긍정의 아이콘입니다. 여러 어려움과 스트레스가 많은 것을 분명히 아는데, 이를 잘 견뎌내고 명랑하게 일을 추진합니다. 이러한 긍정의 에너지는 다른 분들에게도 아주 좋은 영향을 미치고 있습니다. 제가 참 본받을 점입니다.

『칭찬은 고래도 춤추게 한다』라는 책 제목이 있는 것처럼, 한 번씩 상사, 동료, 부하 직원의 긍정적인 면을 생각하고 칭찬해주는 것만큼 조직을 활기차게 하는 방법도 그리 흔하지 않은 것 같습니다.

13.

리드(Lead)와 리더(Leader)는
무엇이 다를까요?

　여러분은 팀 리드인가요, 아니면 팀 리더인가요? 우리나라 말로는 이를 크게 구분하기가 쉽지 않습니다. 모국어인 영어 화자에게도 이 둘을 명확히 구분하는 것은 그리 쉬운 일이 아닙니다. 하지만 외국에서는 분명 리드와 리더를 다르게 쓰고 있습니다. 사실 정확한 구분은 그리 쉽지 않습니다. 상황에 따라 감으로 지정하는 경우도 많습니다.

　리드나 리더 둘 다 어떤 과업을 수행하기 위해 한 명 이상의 집단을 이끌며 과업을 책임지고 수행하는 '장'을 의미합니다. 하지만 리드는 어떤 전문적인 과업에 초점이 맞추어져 있는 경우가 많습니다. 예를 들어 각자 별도의 조직에서 일을 하고 있으나, 어떤 과업을 추가적으로 진행하기 위해 모인 팀의 경우 리드란 표현을 많이 쓰게 됩니다. 전문가 집단(COE, Center of Excellence)을 이끄는 경우나, 특정 주제를 수행할 때 많이 쓰이게 됩니다. 따라서 어떤 과업의 진행을 위한 리딩 역할로 이해하면 됩니다. 따라서 상대적으로 사람에 대한 관리는 리더보다 책임이 덜합니다. 하지만 리더의 경우 리드와 비슷한 역할을 수행하나, 보다 광범위한 책임을 가지게 됩니다. 특히 리더는 사람 관리(People Management)가 필수입니다. 또한 리드의 경우 조직적으로 상하 관계가 공식화되어 있지 않은 경우가 많습니다. 어떤 특정 과업을 위한 팀이기 때문에 팀원에 대한 평가는 리드가 아닌 원 조직의 상사가 할 때가 많습니다. 하지만 리더는 자신에게 직접 보고하는 (Direct Report) 팀원을 두기 때문에 평가를 직접 수행하게 됩니다.

하지만 리드와 리더의 가장 큰 차이점은 'Inspiring People'이라고 할 수 있습니다. 리더가 팀원에 대한 모티베이션, 코칭, 영감 등 정신적인 면을 리드보다 더 강조한다고 볼 수 있습니다. 리드가 상대적으로 기술적인 리딩을 의미한다면 리더는 기술적인 부분과 더불어 정신적인 리딩을 같이 할 수 있는 사람을 의미합니다. 최고의 리더는 있는 것만으로 마음의 평온함을 느끼게 하는 사람입니다.

14.
미래의 자신이 본인에게 이야기한다면 무슨 말을 할까요?

　신이 현재 기억을 그대로 가지고 과거로 돌아갈 수 있는 기회를 한 번 준다면 어떻게 하시겠습니까? 적지 않은 분들에게 물어보았는데, 여성 대부분은 돌아간다고 하셨고, 남성분들 역시 적지 않은 분들이 돌아가고 싶다고 이야기해주셨습니다. 여성분들은 젊음을 다시 찾을 수 있음에, 남성분들은 또 다른 기회를 찾고자 함이 가장 큰 이유였던 것 같습니다.

　필자도 한 번씩 과거로 돌아가는 상상을 해봅니다. 고등학교로 가서 다시 학력고사(당시는 수능이 아니라 학력고사라 불렀습니다)를 봐서 전문직을 할 수 있는 전공을 할까? 물론 성적이 그때보다 좋다는 보장은 없습니다. 아니면 1990년대 부동산 폭등기일 때 부동산에 투자할까? 필자는 어릴 적부터 비행기 파일럿이 꿈이었기 때문에 한 번쯤 도전해보았을 것 같습니다. 우리가 과거로 돌아갈 수만 있다면 지금보다는 훨씬 윤택하게 부를 축적할 수 있으리라 생각합니다. 아무래도 우리의 삶은 많은 시행착오를 겪고 살아왔기 때문에, 그러한 시행착오를 상당히 줄여 지금 삶보다는 낫지 않을까 합니다.

우리가 빛의 속도에 준하는 우주선을 타고 우주에서 몇 년 정도 머물다 오면 우리 지구에서는 상당한 시간이 흘렀을 것입니다. 상대성이론에 의해 빛의 속도에 가까울수록 시간은 늦게 가기 때문입니다. 즉, 돌아올 수 없는 미래로의 시간 여행은 이론적으로 가능합니다.

하지만 이론적으로 과거로 돌아갈 수 있는 방법은 없습니다. 하지만 아주 불가능한 것은 아닙니다. 시점을 변경하면 가능합니다. 미래 20년 후의 나를 기준으로 한다면, 우리는 20년 후 나의 20년 전 과거에 살고 있는 것입니다. 20년 후 미래의 자신은 현재의 자신에게 뭘 하라고 이야기할까요? 이러한 내용은 유튜브의 여러 강의에서 어렵지 않게 찾아볼 수 있습니다. 필자에게는 개인적으로 몇 가지가 있습니다. ① 남에게 상처 주는 이야기 혹은 행동을 하지 말라고 말할 것 같습니다. ② 가족을 최우선으로 생각하고 자식과 배우자에게 최선을 다하라고 할 것 같습니다. ③ 좀 더 많은 취미와 친구를 만들라고 할 것 같습니다. ④ 좀 더 많은 공부를 통해 돈을 모으되 좋은 곳에 기부하거나 혹은 주변에 잘 쓰라고 할 것 같습니다. 이 밖에도 무수히 많은 것들이 있을 것 같습니다. 한 번씩 20년 혹은 30년 후의 자신과 소통하는 생각을 해보는 것도 재미있고, 건전한 삶을 사는 데 도움이 되는 것 같습니다.

15.

리더's 컬럼: 셀프 레버리지(Leverage) 효과

　레버리지(Leverage)는 명사와 동사의 두 가지 형태가 있으며, 굳이 한국어로 번역하면 '지렛대효과', 혹은 '지렛대효과를 발휘하다' 정도로 해석될 수 있을 것 같습니다. 2017년 발간된 영국 부동산 재벌 롭 무어의 동명 저서에 의해 더욱더 유명한 용어가 되었습니다. 물론 그전에도 재무 영역에서 많이 쓰이는 단어였습니다. 레버리지(Leverage)라는 단어 전에는 'Use', 'Take Advantage of(이용하다)' 등의 의미로 많이 쓰였으나, 요즘은 거의 레버리지(Leverage)를 많이 쓰는 것 같습니다.

　지렛대효과가 무엇일까요? 가장 단순하게 말하면 적은 힘으로 큰 힘을 내는 효과입니다. 혹은 최소한의 투입(Input)으로 최대한의 결과(Output)를 낸다고도 할 수 있으며, 가성비가 좋다는 표현도 비슷할 것 같습니다. 사람은 살면서 레버리지를 이용, 혹은 일으킬 수도 있고 평생 레버리지를 당하고 살수도 있습니다. 작가인 롭 무어처럼 빈손으로 시작해서 수백 채의 부동산을 소유한 레버리지 끝판왕일 수도 있으며, 대부분의 노동자들은 레버리지를 당하고 살 수 있습니다. 롭 무어가 지렛대에 힘을 주는 입장이라면, 우리 대부분은 반대편에 서서 힘을 당하는 경우인 것 같습니다.

자동차와 같이 소모성인 자산만큼 마이너스 레버리지가 강한 것도 없는 것 같습니다. 수억짜리 수입차를 탄다고 할 때, 우선 승차감과 하차감은 좋습니다. 그러나 잃어야 할 것이 많습니다. 1년에 적게는 10%, 많게는 20%의 감가비, 기름 값, 유지비 등을 고려하면 생산성과는 거리가 먼 것 같습니다. 물론 부자들은 수억 이상의 자동차에 운전기사까지 두고 있습니다. 이분들 입장에서는 운전할 시간 동안 전화 통화, 공부, 생각 정리 등으로 더 많은 돈을 벌 수 있다고 생각할 것 같습니다. 나름 레버리지 효과가 있다고 생각할 것입니다.

그렇다면 레버리지가 큰 것은 무엇이 있을까요? 가장 대표적인 것으로 합리적인 재테크를 들 수 있습니다. 부동산 호황기에 전세를 끼고 매매를 하는 갭투자도 레버리지의 대표적인 예입니다. 지역에 따라 전세가가 매매가의 70~80%에 육박할 경우 20~30%의

자본만으로 부동산을 구매할 수 있으며, 부동산 호황기에는 자산의 가치가 급등하기에 훌륭한 레버리지를 얻을 수 있습니다. 물론 갭투자는 그 시기에 따라 위험성이 많이 따릅니다.

『레버리지』란 책에서는 좀 극단적인 예를 들고 있습니다. 가령 5,000만 원을 받는 개발자가 있습니다. 근데 받은 업무의 90% 이상을 인도에 있는 프리랜서 동료에게 하청을 줍니다. 그 동료에게 주는 돈은 1년에 1,000만 원입니다. 해당 개발자는 1,000만 원으로 5,000만 원의 레버리지를 일으키게 됩니다. 또한 해당 개발자는 남는 시간에 다른 일을 하고 또 돈을 법니다. 여기서 한발 더 나간다면, 만약 그 개발자가 한국에서 일하는 프리랜서인데 총 5개의 업체와 계약하고 있다고 합시다. 업체당 1억 원에 소프트웨어 납품 계약을 맺었습니다. 총 5억 원입니다. 개발자는 인도에서 3명을 고용하여 인건비로 1억을 지출하였습니다. 4억이 남는 사업입니다.

우리 직장인들은 재테크를 제외하고 어떻게 레버리지를 일으킬 수 있을까요? 평범한 직장인들에게 본인에 대한 투자만큼 레버리지를 일으키기 좋은 것은 없을 것 같습니다. 내가 현재의 연봉이 5천만 원인데, 5년 뒤 1억이라고 한다면 이보다 좋은 재테크가 있을까요? 부단한 자기 계발, 리더십 개발, 자격증에 지속적으로 투자하여 본인의 몸값을 올리는 방법입니다. 필자는 이제 늦었지만, 여러분들은 본인 자신을 이용하여 어떻게 레버리지를 일으켜볼 것인지 계속 생각해보았으면 합니다. 레버리지를 일으킬 것인지, 아니면 레버리지를 당해야 하는 것인지 하고요.

본인이 생각하는 리더십이란 어떤 것인가요? 그리고 더욱더 개선해야 할 점과 그만해야 할 일에는 어떤 것들이 있을까요?
아래에 자신의 생각을 적어봅시다.

제4장

더욱 빛나게 만드는 리더의 리더십 기술

0.
제4장 서문

좋은 리더란 말은 어울리지 않는 것 같습니다. 리더에 대한 정의도 다를 뿐더러, '좋은'이라는 말도 상대적이기 때문입니다.

다만 보스와 리더가 완전히 다른 것처럼, 리더가 가져야 할 여러 요소는 존재하는 것 같습니다. 여러 지식 습득을 통해 리더십이란 무엇인가에 대한 개념적인 이해가 필요한 것 같습니다. 다만 이론과 현실은 항상 다르며, 현실에 적용하기에는 많은 어려움이 있는 것 또한 사실입니다.

본 장에서는 리더가 활용하였으면 하는 여러 기술적인 부분들을 이야기하고자 합니다. 이 또한 읽는 이에 따라 이론으로 생각될 수 있습니다. 끊임없이 생각하고, 개발하고, 본인만의 리더십 스타일을 만들어나가는 과정이 핵심입니다. 이를 통해 비록 좋은 리더가 될 수 없을지라도, 최소한 나쁜 리더는 되지 말아야 할 것 같습니다.

1.

직원들이 의욕을 보이지 않고
시키는 일도 하지 않으려고 합니다

　우리는 왜 직장을 다니는 것일까요? 몇 년 전에 직원분들을 대상으로 이 질문에 대한 서베이를 진행한 적이 있습니다. 여러 가지 파악된 점 중의 하나는 시니어로 갈수록 경제적 목적이 가장 중요하다고 한 반면, 주니어로 갈수록 경력개발 및 배움에 대한 목적이 많았습니다. 저도 그랬던 것 같습니다. 부양해야 할 가족이 없고, 특히 자녀가 없는 상황에서는 경제적 목적은 경력개발 동기에 비해 그리 크지 않았던 것 같습니다. 20~30년이 지난 현시점에서 보자면 젊은 MZ 세대의 경우는 그 차이가 훨씬 크지 않을까 합니다. 이 말은 현재 주니어로 갈수록 나의 모습에 대해 목표를 그리고 '앞으로 난 잘살 수 있을 것이다'라는 확신이 더 커지는 것 같습니다. 이러한 내용을 보자면, 직원에 대한 '경력개발 코칭'이야말로 직원들이 정말 원하는 영역이 아닌가 생각해봅니다.

업무 지시를 함에 있어 수십 년 동안 우리나라 리더십을 지탱해오던 지시적 리더십이 이제는 패러다임 전환을 앞두고 있는 것 같습니다. 이제 리더십은 지시가 아니라, 'Why 리더십'으로 빠르게 전환하고 있습니다. 우리가 리더로서, 혹은 상위 리더로부터 업무 지시를 받을 때 그 업무에 대한 배경 및 왜 이 일을 해야 하는지에 대해 설명을 듣는다면 그 일을 진행함에 있어 우리의 자세에는 분명 차이가 있을 것 같습니다. 역사적으로 볼 때 수많은 전쟁이 일어났었습니다. 병사들이 이 전쟁을 왜 하는 것인지 그 목적을 분명하게 가지고 있지 못했을 때 우리는 많은 패전을 보았습니다. 대표적으로 2차 대전이 그랬으며, 베트남 전쟁도 그랬습니다. 특히 미국이 철수한 베트남 전쟁은 많은 미군들이 무엇을 위해 싸우는지 몰랐습니다.

한 가지 실험 결과가 있습니다. A 그룹에는 맛있는 음식을 주고, 10분간 참아달라고 하였습니다. 다만, 이것은 실험의 일종이라는 목적을 명확히 하였습니다. B 그룹은 그냥 10분간 먹지 말라고만 하였습니다. 5분 뒤에 각 집단에게 동일한 수학 문제를 풀게 하였습니다. A 그룹의 집중도가 훨씬 높았으며, B 그룹의 집중도와 몰입도는 A 그룹과 비교해 의미 있게 낮은 수치를 보여주었다고 합니다. 어떤 배경이나 왜인지에 대한 설명 없이 10분 동안의 기다림이 일의 집중도에 부정적으로 반영된 것으로 보입니다.

때에 따라 최고경영진으로부터 내려오는 직접적인 지시 사항이 있습니다. 중간 리더들은 이러한 지시 사항을 팀원들에게 전달하고 지시할 때 그 사항의 의미와 목적, 배경을 명확히 설명하는 기술을 가져야 할 것 같습니다. 그냥 위에서 시켜서 해야 한다기보다는, '요즘 이러이러한 사정으로 이런 요구 사항이 있는 것 같으며, 우리가 좀 더 도와주어야 할 것 같다' 정도의 표현이 될 수 있습니다. '이번에 경력에 큰 도움이 되지 않겠지만, 잘 배워보도록 합시다' 등도 하나의 표현이 될 수 있겠습니다. 일방적인 업무 지시와 비교하면, 그 업무의 배경과 왜 해야 하는지에 대해 설명하는 약간의 시간만 투자한다면 그 결과는 많이 다를 수 있습니다.

2.

빠른 결정을 내리기가
두렵고 어렵습니다

오늘 지금 시간까지 우리는 몇 번의 의사결정을 하였을까요? 일의 측면뿐만 아니라 모든 결정 건입니다. 조사에 의하면 사람은 2초에 한 번씩 결정을 하며, 하루에 총 35,000회 정도 결정을 한다고 합니다. 우선 아침에 '지금 일어날까?'부터 시작하여, '오늘은 점심을 몇 시에, 무엇을 먹을까?' 등 그 종류는 수없이 많습니다.

회사로 이를 옮겨보면 리더의 경우 하루에 수백, 수천의 결정을 하게 됩니다. '메일을 지금 적을까?', '누구에게 보낼까?' 등 수많은 결정을 그리 길지 않은 간격으로 하게 됩니다.

우리가 리더로서 결정을 내리기 어려운 이유는 많습니다. 첫째,

이해관계자들의 시선 혹은 반응을 두려워하는 경우. 둘째, 부하 직원의 반응이 걱정되는 경우. 셋째, 내가 감수해야 할 리스크가 있을 경우. 넷째, 내가 잘못된 결정을 할 경우의 불안함 등이 대표적인 이유입니다.

결정을 하는 리더의 모습도 많습니다. 첫째, 빨리 신속하게 결정하는 경우. 둘째, 결정을 차일피일 미루는 경우. 셋째, 다른 사람이 결정을 하도록 요구하는 경우. 넷째, 본인의 결정 자체가 싫어 무조건적으로 상사에게 보고하는 경우 등 다양합니다.

리더가 갖추어야 할 여러 조건 중의 하나는, 리스크를 감당할 수 있는 자세와 역량도 중요하지만 그에 못지않게 중요한 부분이 신속하고 정확한 의사결정 능력입니다.

우리가 어떤 결정을 하기 위해서는 ① 정보 수집, ② 분석, ③ 판단의 과정을 거치게 됩니다. 충분한 자료와 충분한 분석 시간을 거친다면 장단점이 도출될 수도 있고, 결정하기도 한결 쉬워집니다.

하지만 회사에서 이런 시간과 리소스는 주어지지 않습니다. 불확실한 정보, 짧은 시간 안에 순간순간 결정해야 할 결정 사항들이 너무나 많습니다. 이런 상황에서 생각해야 할 것은, 완벽한 결정은 있을 수 없다는 점입니다. 최선의 결정을 할 수밖에 없습니다.

이러한 결정에 도움을 주는 것은 결국 경험 혹은 경험을 발전시킨 인사이트가 큰 힘을 발휘하게 됩니다. 일명 '촉'이라는 것도 활용될 수 있습니다. 무엇보다 더 중요한 부분은 다년간의 훈련입니다. 불확실한 정보를 가지고 최단 시간 내에 결정하기 위해서는 습관적으로 이해관계자들의 반응, 리스크의 정도 등을 다각도로 신속히 파악하여 결정하는 훈련이 필수적입니다. 또한 본인의 결정에 대한 판단 근거를 잘 기억해야 합니다. 즉, 좋은 기억력도 중요합니다. 왜냐하면 모든 상황은 바뀌기 때문에 그 당시에는 그것이 최선의 판단이었다는 기억을 반드시 하는 것이 좋습니다. 예를 들어 자동차 A와 B 중 A를 사겠다고 결정하였습니다. 가격과 안정성 등을 고민하였습니다. 그 당시로서는 최적의 결정이었습니다. 다만 시간이 흐르고 A라는 차량에서 심각한 결함이 발견되고, 중고차 가격이 많이 떨어졌습니다. 이때 A를 선택한 사람이 실수한 것이라고 할 수 있을까요? 그 당시의 결정 배경을 잘 기억해두는 것도 중요합니다.

하지만 혼자서 모든 것을 결정하라는 이야기는 아닙니다. 더 중요한 것은, 결정도 결정이지만 결정에 대한 오너십을 가지자는 이야기입니다. 결정을 하기 위해 동료, 부하 직원, 상사의 모든 채널을 이용할 수 있습니다. 분석 과정을 통해 본인이 해당 사항에 대해 판단을 내릴 수 있는 직접적 오너가 되라는 이야기입니다. 결정을 잘 내리고 못 내리는 사람의 차이는 분명 있습니다. 결정을 잘 내리는 사람은 설령 본인의 결정이 잘못되었다고 하더라도 후회하지 않고, 그 선택이 옳았음을 밝히기 위해 실행하는 사람입니다. 즉, 본인의 결정을 믿는 사람입니다. 본인의 결정에 믿음이 없으면 실행할 동기가 없어지며 결국 잘못된 결정으로 남게 될 확률이 높아지게 됩니다.

3.
현 상황을 유지하기도 힘든데 어떤 방법이 없을까요?

우리가 살고 있는 프레임과 우리가 살아가는 삶 차원의 관해 이야기해보려고 합니다. 어떤 미로를 만들어놓고 쥐들이 빠져나가는 실험을 많이 보셨을 겁니다. 쥐들 입장에서는 동서남북, 즉 2차원적인 공간입니다. 왜냐하면 X와 Y축만 있지 3차원을 나타내는 Z축이 없기 때문입니다. 그러한 미로를 위에서 내려다볼 수 있는 우리는 그들에게는 신과 같은 존재일 수 있습니다. 2차원의 세계에서는 보이지 않던 여러 길들을 3차원, 즉 위에서 내려다보면 한 번에 나갈 수 있는 길을 찾을 수 있습니다.

우리 인간들은 3차원의 세계에 살고 있습니다. 여기서 한 차원을 늘려보겠습니다. 우리가 말하는 4차원의 세계가 됩니다. 여기서 3차원과 4차원을 구별하는 기준은 공간이 아닌 시간의 개념입니다. 사실 물리학에서는 시공간이라고 해서 항상 공간과 시간을 같이 이야기합니다.

하나의 기차를 생각해보겠습니다. 3차원 공간인 기차 한 칸이 우리가 살고 있는 세상입니다. 4차원의 세계에서는 앞 기차 한 칸이 어떤 미래의 3차원 공간입니다. 뒤 칸은 과거라고 볼 수 있습니다. 3차원에 있는 우리는 어떤 경우에도 시간을 다스리지 못합니다. 하지만 4차원에 있는 그 무언가에게는 시간 자체가 의미가 없습니다. 기차 첫 량부터 맨 마지막 차량까지 언제든지 일상처럼 넘나들 수 있습니다.

'인터스텔라' 영화를 보신 분은 알겠지만 아빠가 딸의 과거를 보면서 여러 소통을 시도합니다. 아빠 입장에서 딸이 가진 여러 시간으로 이동하게 됩니다. 좀 더 쉽게 말하면, 4차원에 있는 사람은 우리 모두의 1년 뒤 모습을 정확히 볼 수 있고 과거의 우리와 소통할 수도 있습니다. 3차원에서 2차원을 보면 미로가 너무 쉽습니다. 4차원에서 3차원을 보면 얼마나 삶이 쉬울까요? 여담이지만 5차원은 여기에 확률의 개념이 추가되고, 일반적으로 우리 우주는 11차원까지 늘어난다고 합니다.

일을 함에 있어 3차원을 3.1차원 수준 정도로 끌어올리는 길은, 시간의 개념으로 보자면 예측(Predictive) 혹은 예방(Preventive)

이 차선이 아닐까 생각합니다. 가장 대표적인 예가 'Preventive Medical'로 불리는 '예방의학'입니다. 앞으로 어떤 병이 올지는 모르나, 사전 검사를 통해 어떤 증후를 예측하고 예방하는 개념입니다.

비즈니스 세계에서 계획 혹은 예측은 실적 못지않게 중요한 경영의 척도입니다. 이를 우리 업무에 적용해보면 어떨지 생각을 해보았습니다. 추진될 여러 프로젝트들을 충분히 이해한다면 이에 대한 리소스 플랜과 예산 부분들을 미리 준비할 수 있습니다.

즉, 잠재적인 사고를 조기에 발견하고 이를 해결하자는 생각입니다. 예를 들어 제품의 수명 주기에 대한 정보, 현재 하드웨어와 소프트웨어 버전 정보, 성능 정보, 업데이트 정보, 수정 및 변경 정보, 작업 스케줄 정보 등만 있어도 어느 정도 장애 예보는 가능하지 않을까 합니다. 즉, 다음 주 장애 발생 가능성 80%, 20% 정도로 예측하고 예방하는 시스템입니다.

물론 이를 실행하고 관리하는 것은 힘든 일입니다. 특히 불확실성이 커지는 상황에서는 현 상태를 유지하는 것조차 힘들 때가 많습니다. 다만 이러한 상황의 체인을 끊어내지 않으면 악순환이 반복될 수밖에 없습니다. 우리가 신이 아닌 이상 미래를 예측할 수는 없지만, 주어진 정보만으로도 어느 정도 미래를 예상할 수 있다면 보다 효율적이고 효과적으로 인적자원을 관리하고 투자 예산을 집중할 수 있습니다. 바둑이나 체스의 전문 플레이어들은 7수 이상까지 볼 수 있는 능력이 있다고 합니다. 7수까지는 아니더라도 최소한 2~3수까지 미래를 내다볼 수 있는 훈련이 필요합니다.

4.

리스크는 어느 정도 지는 것이 좋을까요?

리스크 관리는 경영, 건축, IT 등 모든 분야에서 하나의 중요한 주제입니다. 다만 리스크 앞에 붙일 수 있는 명사가 너무 많습니다. 예를 들어 삶의 리스크, 투자 리스크, 프로젝트 리스크, 잡(Job) 리스크로 다양합니다.

이번에는 우리가 일을 함에 있어 업무에 대한 리스크 및 이를 받아들이는 우리의 자세가 어떠한지 한번 이야기해보려고 합니다. 우선 리스크를 대하는 자세에는 크게 다음과 같은 유형이 있을 것 같습니다.

첫째, 리스크 자유(Risk Free) 유형이 있습니다. 인간의 가장 본질적인 유형이 아닐까 합니다. 누가 리스크를 지고 싶어 할까요?

둘째, 소극적 리스크 감안 유형이 있습니다. 어떤 보상을 바라고 하지 않지만 누군가는 책임을 가져야 하고, 그게 '나'라고 생각하는 경우입니다.

셋째, 적극적 리스크 감수 유형이 있습니다. 리스크 없이는 보상이 없다는 경우입니다. 리스크에 대해 적극적으로 임하고 일을 처리하는 유형이며, 그에 대한 보상도 요구하는 성향입니다.

많은 분들이 나이가 들어감에 따라 리스크 자유 형태로 가는 경향이 있습니다. 유명한 말이 있습니다. '강한 사람이 오래 남은 것이 아니라, 오래 남는 사람이 강한 것이다.' 사실 이 말에 공감하시는 분이 있겠지만, 필자는 사실 그런 타입은 아닌 것 같습니다. 어떤 유형이든 각자의 유형은 존중되어야 합니다. 개인의 성향도 있고, 지향하는 바가 다르기 때문입니다.

다만 리스크를 감수하고 실패도 하고, 여러 가지 대안을 가지고 충분히 훈련하고 다진 경험을 한 분들이 성공하는 모습을 많이 봐왔던 것 같습니다. 9개월 된 아기는 대표적인 리스크 감수형입니다. 아이들은 넘어지면 위험하다고 이것저것 재지 않습니다. 그냥 실패하면서, 드디어 걸을 수 있는 겁니다.

최소한 우리는 리스크 자유 지향에 대해서는 조금 생각해볼 필요가 있을 것 같습니다. 직급이 올라갈수록 리스크를 지는 일을 할 수밖에 없으며, 결국 직급이란 본인이 가지고 있는 리스크의 관리 능력에 대한 차이라고 볼 수 있습니다. 리스크 자유를 지향한다면 보이지 않는 여러 다른 리스크가 또 따라오게 마련입니다. 상황에 따라 리스크를 져야 할 시는 과감하게 받아들이고, 이를 헷징하는 능력을 키우는 것이 30~40대에 할 일인 것 같습니다. 더 중요한 건 끊임없이 이러한 사고와 생각을 해야 그것이 무의식 속에서 자라나게 된다는 점입니다. 단언하건대, 여러분들의 현재 결과와 미래 결과는 그 무의식이 만들어낸 습관의 산물입니다.

5.
팀 전체가 번아웃 상태입니다

우리가 한 번쯤은 겪을 수 있는 번아웃(Burn-Out)을 이야기해 보려고 합니다. 보통 'Out'은 '완전히'란 의미를 가지고 있습니다. 'Get Out'이라고 하면 완전히 나가라는 의미인 것처럼 'Burn-Out'은 주로 정신적 혹은 육체적으로 완전히 고갈되어 복구가 안 되는 상황을 말합니다. 보통 새로 산 배터리는 금방 충전이 되지만 몇 년 지나면 충전도 늦어지고, 빨리 닳게 됩니다. 즉, 혼자의 힘으로 재생하기 힘든 상황입니다.

보통 번아웃은 만성피로와는 다릅니다. 보통 번아웃은 첫째, 일에 대한 의욕이 없어지게 되며 심하면 무기력해지기도 합니다. 둘째, 아침에 일어나는 것도 힘들며, 회사가 싫어질 때가 많습니다. 셋째, 예전에 아무 문제없이 하던 일도 짜증이 날 때가 있습니다. 마지막으로 번아웃이 심각하게 되면 연봉 문제는 크게 중요하지 않게 됩니다. 아무리 많이 올려 받아도 크게 행복감을 느끼지 못합니다.

번아웃은 여러 상황에서 발생할 수 있습니다. 일의 측면과 일의 외적인 측면 등 아주 다양한 원인이 있습니다. 여러 사항이 복합적으로 나타날 때 번아웃이 발생하게 되는 것 같습니다.

첫째, 많은 노력을 하였으나 실패를 하였다거나, 인정을 받지 못한다거나 할 때 발생합니다.

둘째, 과도한 업무 등으로 인해 '내가 이 일을 언제까지 해야 하나'라는 생각이 들 때입니다. 특히 앞으로의 본인의 비전이 모호할 때입니다.

셋째, 이제 나이가 40대가 되면 직급에 대한 나이 및 연차 부분이 의미가 없어지게 됩니다. 즉, 동료가 먼저 승진할 수도 있고, 후배가 먼저 승진할 수도 있고, 인생을 알게 되는 시점이기도 합니다. 회사가 야속하게 보일 때입니다.

번아웃이 오는 공통분모 중의 하나는 노력과 에너지를 많이 쏟는 고성과자이면서 본인이 모든 일을 하고자 하는 투철한 책임감, 그리고 본인의 어려움과 고민을 혼자 가지고 있는 경우에서 제일 흔하게 발생합니다. 보통 이럴 경우 이런 분들은 택할 수 있는 최상의 방법으로 그 환경에서 벗어나고 싶어 합니다. 환경을 벗어날 수 있는 방법은 많이 있지만 보통 퇴사라는 카드를 이용하게 됩니다. 번아웃 상태에서는 그 환경 자체가 싫은 것입니다.

번아웃을 겪은 분들은 어떻게 극복하셨는지 모르겠지만 필자가 가지고 있는 생각을 정리하면 다음과 같습니다.

첫째, 근무 환경에 변화를 주어야 합니다. 예를 들어 2주 동안 잊어버리고 휴가를 갈 수 있습니다. 아니면 상당 기간 동안 재택근무를 할 수도 있습니다. 다만, 해당 기간 동안 중요한 부분은 신체를 단련해야 한다는 점입니다. 하루 최소 몇 시간 이상 운동을 해서 건강을 챙겨야 합니다.

둘째, 좋은 음식이나 영양제 등도 도움이 될 때가 있습니다. 우리는 보통 정신이 육체를 통제한다고 하지만 실상은 그 반대의 경우가 더 많습니다.

셋째, 일을 내려놓아야 합니다. 팀장이라면 일을 팀원들에게 분담하게 해야 합니다. 팀원을 믿어야 하며, 설령 실패를 하게 되더라도 그건 그 팀원들에게 좋은 교훈이 될 것이라고 생각해야 합니다.

넷째, 개인의 성향을 잘 파악해서 팀장의 경우 부서장에게, 팀원의 경우 고민과 어려움을 팀장과 공유할 수 있게 꾸준히 대화해야 합니다. 이때 상사는 '네가 안 하면 누가 하니', '그것밖에 안 돼?', '언제 정신 차릴 거야' 등의 말은 절대 금기입니다. 상위 매니저와의 대화를 통해 번아웃 탈출을 같이 고민해야 합니다.

마지막으로 관점의 전환도 필요합니다. '극복하자'란 마인드는 그 상황을 더 어렵게 만들 수 있으며, 오히려 더 좋지 않은 결과를 안겨주기도 합니다. 관점을 바꿔 '극복하자'보다 한 단계 낮은 '견디자'라는 마음가짐이 도움이 될 때가 있습니다. 어떠한 과업이든 반드시 시작이 있으면 그 끝이 있기 마련입니다. 그리고 그 끝이 반드시 좋지 않게 끝나리란 법도 없습니다.

어떤 분들은 이미 극복했을 수도 있고, 극복 중인 분, 아직 번아웃까지 오지 않은 분들도 있지만 냉철히 판단해보시고 번아웃 증상이 있으면 언제든지 상사와 이야기를 나누어야 합니다. 상사의 입장에서도 가장 힘든 일은 일을 잘하는 직원을 잃어버리는 일입니다. 리더는 항상 팀 전체의 워크로드 및 개인 간 업무 밸런스를 항상 염두해야만 합니다. 최선의 방법은 번아웃까지 가지 않게 하기 위해 가능한 한 모든 직원의 상태를 여러 환경 등에서 지속적으로 살피는 일입니다. 리더는 아침 인사를 받는 자리가 아닙니다. 직원들의 얼굴에 근심이 있는지, 건강은 문제없는지 등을 매일 확인하여야 합니다. 리더란 직원들에게 아침 인사를 하는 사람이며, 50명 내외라면 5분이면 충분한 시간입니다.

6.
남을 설득하기가
그리 쉬운 일이 아닌 것 같습니다

　사회생활, 특히 회사 생활을 할 때 설득이야말로 정말 중요한 것들 중의 하나입니다. 여기에는 물리적 방법과 비물리적 방법이 있는 것 같습니다. 어떤 내용을 설득하기 위해서는 물리적 환경이 잘 맞아야 합니다. 이는 팀원, 동료, 상사 모두에게 해당됩니다.

　본인과 상대방이 피곤하고 여러 가지로 심기가 좋지 않은 상황은 반드시 피해야 합니다. 당연한 이야기입니다. 이를 좀 더 구체화하면, 상대방과 내가 오랜 미팅을 하고 난 시점이나 배가 고픈 시점 등은 피하는 것이 좋습니다. 한 사례를 보면, 가석방 심사할 때 가석방이 가장 높은 시점은 오전 09:00 직후와 오후 13:00이라고 합니다. 즉, 식사 후 에너지가 가장 많은 시점입니다. 목요일과 금요일도 잘 활용하면 좋습니다. 금요일 오후도 좋으나, 너무 늦으면 오히려 좋지 않은 경우가 있습니다. 이제 주말이라는 느낌으로 복잡한 결정을 내리기가 어려울 수도 있으며, 다음 주에 다시 이야기하자는 이야기가 나올 수 있습니다.

온도도 중요합니다. 사실 춥거나 더울 때 남을 설득할 수는 없습니다. 그래서 더운 여름철에는 아이스커피를 한잔하고, 겨울에는 따뜻한 커피를 마시게 되면 설득에 약간의 도움을 줄 수 있습니다. 자동차 영업을 하시는 어떤 분은 겨울철에 전시장의 차 손잡이를 따뜻한 핫팩으로 항상 데워놓는다고 합니다. 당연히 차가운 손잡이보다 따뜻한 손잡이를 잡았을 때 구매할 확률이 높습니다.

의견을 구하는 식으로 설득을 할 수도 있습니다. 동료, 팀원, 상사로부터 본인이 결정해야 할 일 혹은 지원이 필요한 일에 대해 의견을 듣는 것도 좋은 방법입니다. '제가 이런 어려움이 있는데요', '혹시 어떻게 생각하세요', '혹시 어떤 조언이 가능할까요' 하면서 이야기를 풀어나가는 방법입니다.

사실 설득에 있어 '신뢰'만 한 것이 없다는 것입니다. 서로 간에 신뢰가 있으면, 설득 자체가 필요 없을 수도 있습니다. 본인의 이익만 생각하는 분들과는 신뢰를 쌓기가 그리 쉽지 않습니다. '주는 사람(Giver)' 입장에서의 신뢰는 어떤 설득을 함에 있어 그 어떤 것보다 큰 힘을 발휘합니다. 또한 설득에는 사심이 없어야 합니다.

본인의 욕심이나 사심이 있는 설득은 실패할 가능성이 높습니다. 특히 사회생활에서는 일 자체, 회사 자체를 먼저 생각하는 것이 좋습니다. 신뢰는 하루아침에 쌓이지 않습니다. 상대방이 힘들 때, 어려워할 때 사심을 버리고 손을 잡아주는 관계가 되었을 때만 무한의 신뢰를 쌓을 수 있습니다. 힘들 때 손을 잡아주는 리더와 팀원의 관계에서는 설득 자체가 필요 없을 수도 있습니다.

7.
과연 리스크를 지는 것이 바람직할까요?

필자가 고등학교 3학년 때, 치열하게 입시공부를 하던 시절의 이야기입니다. 새벽에 잠시 깨었습니다. 아마 기억으로는 그날 모의고사를 잘 보지 못했던 것 같습니다. 삶에 있어 항상 굴곡이 있듯이 미래의 불확실성에 대한 두려움이 갑자기 밀려오는 것 같았습니다. 물론 30년도 더 지난 이야기이지만 지금도 직장, 노후, 자식 등 모든 것들이 불확실성 아래에 있습니다. 지난 수십 년간 모든 것들이 불확실성과 리스크의 흐름이었던 것 같습니다. 다만, 그러한 불확실성은 기다려도 해결되지 않는 것 같았습니다. 오히려 도전하고, 그러한 불확실성 속에서 기회를 찾으려고 했을 때 그 불확실성들이 조금씩 없어졌던 것 같습니다.

삶에서 져야 할 리스크도 마찬가지인 것 같습니다. 우리가 살아 있다는 것이 기적에 가깝다고 할 정도로 모든 우주는 무생물의 공간입니다. 그러한 희귀한 확률적 상황에서 살아가는 우리는 모든 삶 자체가 리스크라고 해도 과언이 아닐 것 같습니다.

우리가 프로젝트에서 리스크를 관리하는 방법은 잘 알다시피 몇 가지가 있습니다. 리스크를 회피하는 방법, 리스크를 받아들이고 정면 돌파하는 방법, 리스크에 대해 계획을 세우고 방지하는 방법 등 다양합니다. 프로젝트에서는 리스크를 만들지 않는 것이 가장 좋은 방법입니다. 하지만 그게 쉽지 않기 때문에 우리는 리스크를 낮추는 방법을 고민하거나 혹은 리스크가 발생하였을 때의 대안을 준비하게 됩니다.

다만 삶과 직장에 있어서 리스크는 조금 다른 문제인 것 같습니다. 예를 들어, 필자의 경우 30대 초반에 영국에 위치한 회사로 이직하게 되었습니다. 정말 상당한 리스크였습니다. 과연 6개월을 버틸 수 있을까 하는 큰 리스크였습니다. 지금 생각해보면 필자의 26년 경력 중에서 인생의 전환점을 준 결정적 이직이었던 같습니다.

예전에 컨설팅 펌에 있을 때 40살 정도 되는 시니어 매니저가 있었습니다. 파트너(임원)가 되기 위해서는 아직 많은 시간이 남아 있는 상태였습니다. 그때 완전히 실패한 프로젝트가 있었습니다. 회사에 손해가 막대한 프로젝트였고, 이미 해당 파트너, 프로젝트 관리자는 회사를 떠났던 것으로 기억합니다. 이때 이분이 경영진에게 한 가지를 제안했었습니다. '나에게 3개월의 시간을 달라, 프로젝트를 마무리하겠다.' 내가 마무리를 하지 못하면 사직을 할 것이고, 만약 마무리를 하면 나에게 임원 자리를 달라는 제안이었습니다. 회사 입장에서는 고민 끝에 승인을 했고 그분은 결국 40세 나이에 임원 자리에 올랐습니다. 그러한 극단적인 부분은 아니지만, 삶은 리스크의 어떤 부분을 얼마만큼 감수하느냐에 따라 그 결과는 상당한 차이가 있다고 봅니다.

아무도 하지 않으려는 일, 아무도 알아주지 않는 일, 정말 잘해야 본전인 일을 하게 되는 경우도 있습니다. 설령 그러한 일이 실패를 하였을지라도 도전이 없으면 실패도 없고, 실패가 없으면 성공도 없는 법입니다.

8.
나는 팀원 말에 동의할 수 없습니다

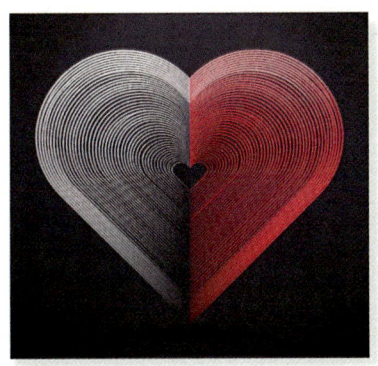

공감은 상대방의 마음을 이해하고 심장을 맞추는 일이라고 생각합니다. 관점에 따라 'Take Care of Each Other', 혹은 '역지사지'와도 유사한 것 같습니다. 집에 들어갔는데, 집사람이 굉장히 힘이 없어 보였습니다. 여러 사회생활 중의 일들을 이야기하는데, 가만히 들어보면 집사람이 조금 무리한 면도 있었던 것 같았습니다. 이럴 때 '당신이 잘못했네', '조금 더 신경 쓰지 그랬어'라는 말은 도움이 되지 않습니다. 분명 집사람도 본인의 부주의를 알고 있고, 그러한 부주의에 대해 약간의 위로를 받고 싶어 하는 마음 그 하나입니다. '나 같아도 그랬겠다', '누구라도 그랬을 거야', '아니, 그렇다고 아무개가 그렇게 이야기할 수는 없지'와 같은 말로 상대방의 심장에 본인의 심장을 포개듯이 맞추어야 합니다.

  직장생활에서도 마찬가지입니다. 구성원들의 불평이나 불만을 들어주고 공감을 표해주는 것도 리더의 중요한 업무 중 하나입니다. 불평을 하는 직원들은 여기저기 이야기를 하다가 마지막으로 리더를 찾습니다. 리더가 판단했을 때 잘했든 못했든 충분한 공감을 표현해주고, 꼭 할 말이 있으면 그 순간이 아니라 조금 때를 기다려서 하는 것이 좋은 것 같습니다. 업무의 고충 등 피로감으로 찾아왔을 때는 오로지 그 직원만을 위해 시간을 쓰기 바라며, 본인 일이라 생각하고 충분한 공감을 표현해주는 것이 신뢰를 쌓는 여러 방법 중의 하나입니다.

9.
일 잘하는 사람은
어떤 사람인가요?

　일 잘하는 사람과 성공한 사람들에게서는 여러 공통점을 찾아볼 수 있습니다. 다음의 모든 내용을 잘하게 되면 '엄친아'이겠으나, 한번 생각해보았으면 합니다.

　첫째, '과연 이 회사에서 대체 불가능한 사람인가?', '대체 불가능한 사람이 되기 위해서는 무엇을 해야 하나?'입니다. 정보의 독점은 고립을 자초합니다. 자신만의 확실한 경쟁력을 가지고 다른 영역으로 지식을 확장해나가는 사람이 되어야 합니다. 한 분야만이 아니라, 여러 방면의 융합적 전문가가 되는 것입니다.

　둘째, 커뮤니케이션 기술입니다. '보고 시 어떤 방법으로 해야 할까?', '어떤 방법으로 설명해야 설득이 잘될까?', '미팅에서 어떤 준비를 해야 할까?' 등입니다. 가장 대표적인 예로, '큰일이 발생했습니다'보다는 '현재 이슈가 있는 상황이나, 해결 방법을 구상 중이고, 이렇게 하려고 합니다'가 좋습니다. 물론 간결하면 간결할수록 더욱 좋습니다.

셋째, 변화에 맞추어가는 사람입니다. 변화에 대한 저항은 고립을 자초할 수밖에 없습니다. 변화를 이끌지는 않더라도 그 변화에 맞추기 위해서는 부단한 노력이 필요합니다.

넷째, 우리가 많이 하는 생각 중 하나는 '나는 내 분야에 최선을 다하고 있다'입니다. 다만 본인의 경력 혹은 전문성과 차이가 있는 과업이 던져졌을 때 그 일을 극복해나갈 수 있는 역량을 키우는 것이 한 단계 도약하는 가장 빠른 길인 것 같습니다.

다섯째, 일을 열심히 하는 것도 중요하지만 스마트하게 하는 방법이 중요합니다. 돈과 자원, 노동력, 시간이 투자되면 못 할 일은 없습니다. 관건은 제한된 시간, 돈, 인적자원으로 어떤 과업을 끝내기 위해 어떻게 효율적으로 일을 할지 고민하고 또 고민해야 합니다.

10.
리더의 반은 커뮤니케이션입니다

　전문성이 쌓일수록 우리의 언어에는 전문 용어가 많이 들어가게 됩니다. 같은 전문가끼리는 알아듣고 이해합니다. 하지만 리더들은 본인들이 속한 전문 영역뿐만 아니라 다른 영역의 리더들과도 많은 대화를 통해 협업을 해야 하는 경우가 많습니다. 리더는 말할 때 확신에 차 있으면서도 일반적인 단어와 문장으로 알아들을 수 있게 설명하는 기술 또한 필요합니다. 리더들이 가져야 할 몇 가지 커뮤니케이션 기술에 대해 알아보고자 합니다.
　첫 번째, 리더가 하는 말은 상대방에게 외국어같이 들리면 안 됩니다. 비슷한 경력을 가지고 있는 경우는 괜찮습니다만, 문과와 이과 성향 팀의 경우 서로 잘 이해가 안 되는 커뮤니케이션 방법은 지양해야 할 것 같습니다. 필자는 기계류를 고치는 것을 좋아하는데, "이 앰프의 경우 총 4개의 카파시티가 있는데, 전압과 전류를 확인해보았는데 두 개는 -400V, 두 개는 +450V가 나오고 진공관 바이어스 값을 확인해보았을 때 -20이 나오는 것으로 보아 콜드 바이어스 상태인 것 같습니다. 특히 플레이트에서의 값은 더 낮게 나오는데요, 특히 두 개의 카파시티 경우 사전에 수리하면서 병렬로 붙여놓았는데요, 이렇게 하면 왜곡이 발생하여…."

이건 뭐 말만 한국어이지, 외계어입니다. 사실 우리가 어떤 용어를 이야기할 때 우리 직원들은 비슷한 경험을 한 적이 상당히 있을 거라고 생각합니다. 그럼 이를 어떻게 한국어로 바꾸어볼까요? "앰프에서 전압을 조정하는 부품이 하나 있는데, 이 중 하나가 잘못되어 앰프 소리가 이상합니다. 제가 그 부품을 하나씩 바꾸어보면서 수리해보겠습니다." 간단합니다.

두 번째는 너무 많은 정보(Too Much Information)입니다. 하나의 현상에 대해 그 해결책을 제시하면 되는데, 그 근본 원리부터 하나씩 설명하는 경우입니다. 사실 상대방은 그다지 알고 싶지도 않고, 이해도 하지 못합니다. 핵심 내용만을 가지고 상대방의 반응을 보면서 간결한 방식으로 이야기를 나누어야 합니다.

세 번째는 상황에 따라 커뮤니케이션 채널을 잘 선택해야 합니다. 아무래도 설명이 복잡하거나, 양방향의 대화가 필요할 때는 직접 만나는 것이 좋습니다. 또한 메일은 직접 만나지 않아도 다수의 사람들과 커뮤니케이션하기 좋은 수단입니다. 아주 효율적인 방법입니다. 다만 메일에 있어서도 몇 가지 룰이 있습니다. 일단 수신자는 자기가 C.C.에 포함되어 있거나, To에는 포함되어 있으나 많은 사람들이 To에 포함되어 있을 경우 잘 읽지 않는 경향을 보입니다. 왜냐하면 그 수신인을 특정하여 요청하지 않았으니까요. 또한 메일이 길면 읽지 않을 가능성이 큽니다. 메일 내용을 처음부터 끝까지 다 나열하는 방식이 아니라 간결하게 작성하는 방법을 연습해야 합니다. 메일의 제목은 가능한 한 주의를 끌 수 있도록 함축된 제목으로, 내용은 여러분들이 현재 쓰고 있는 메일의 1/2, 1/3 정도면 충분합니다. 메일 내용을 늘리는 것은 쉬우나 줄이는 것은 쉽지 않습니다.

네 번째는 상대방이 느낄 수 있는 감정적인 부분입니다. 분명 우리는 불합리한 요청을 받을 때가 있습니다. 분명 우리가 맡은 일이 아닌데 우리에게 요청하거나, 어떤 프로세스 정의도 되어 있지 않으면서 시스템을 개발해달라고 하는 경우가 대표적인 것 같습니다. 이럴 때는 반응하는 것이 아니라, 적절한 대응이 필요합니다.

"그 부분은 ㅇㅇ 부서 일이라서 저희는 모릅니다." → "네, 충분히 이해되었습니다. 사실 해당 부분은 ㅇㅇ 부서에서 진행하고 있는 부분이라, 제가 해당 부서의 ㅁㅁ 님에게 연락하라고 안내하겠습니다."

"그 부분은 그쪽에서 하는 것이 아니었나요?" → "사실 저도 챙기지 못한 부분이 있었습니다. 지금이라도 유관 부서와 함께 진행하도록 하겠습니다."

리더는 적절한 커뮤니케이션 도구를 선택해야 하고, 말 한마디 한마디에 신중을 기해야 합니다. 무심코 뱉은 말 한마디에 직원들이 상처를 입기도 하고, 상황에 따라 달라지는 리더의 말은 혼란스럽기만 합니다. 간결하면서 명료하며 일관성을 유지하는 커뮤니케이션에 대한 연습과 스킬 개발은 리더가 되는 필수 조건입니다.

11.
왜 모든 팀원들이
전부 좋은 성과를 내지 못하는 것일까요?

모든 사람들에게는 자신이 잘하는 분야와 그렇지 않은 분야가 있습니다. 어떤 결정을 내릴 때에도 다양한 의견 수렴이 필요한 경우가 많습니다. 하지만, 어떤 조직에서 나와 똑같은 사람만 수십 명 일한다고 가정을 해볼까요? 의견이 비슷할 경우가 많을 겁니다. 다만 이는 어떤 한 방향만 보는 모습이기 때문에 최적의 결정이었는지에 대해 상당한 리스크를 가지게 됩니다. 또한 혹여 의견이 다를 경우, 같은 성향이기 때문에 조율이 쉽지 않은 경우가 많이 발생할 것 같습니다.

많은 리더들은 자신의 팀원들이 자신을 닮기를 원하고 바랄 수 있습니다. 다만 좋은 모습들을 닮으면 좋겠으나, 다양성 측면에서는 그리 바람직한 내용이 아닐 수 있습니다. 외향적인 사람이 있으면 내향적인 사람도 있어야 합니다. 추진력과 스피드에 초점을 맞춘 사람이 있으면, 꼼꼼함과 디테일에 강한 사람이 있어야 합니다.

자연현상과 경제적 현상을 잘 표현하는 8:2라는 법칙이 있습니다. 파레토 법칙이라고 부르기도 합니다. 예를 들어 인구의 20%가 전체 국부의 80%를 가진다거나, 조직에서 상위 20%의 사람이 나머지 80%의 일을 한다는 법칙입니다.

재미있는 실험을 하였습니다. 30명이 있는 조직에서 상위 20%를 선별하였습니다. 6명이 나머지 24명의 일을 하고 있었습니다. 6명은 업무 능력이 아주 출중하였습니다. 24명을 다시 다른 부서에서 상위 20%에 드는 사람들로 다시 채워 넣었습니다. 이론적으로 30명 모두가 훌륭한 성과를 내어야 합니다. 하지만 그리 길지 않은 기간이 지나자 해당 30명 중 24명은 예전보다 좋지 않은 성과를 보여주었습니다. '왜 우리 팀은 특정 소수만 일을 하지? 왜 나만 바쁘지? 왜 우리 팀원은 나 같지 않지?' 너무나 자연스러운 현상입니다. 대신, 여건만 허락한다면 다양성을 인정하고 활용할 수 있는 방법, 즉 나머지 80% 사람이 잘할 수 있는 부분의 발굴과 업무의 변경 등을 통해 다양한 경험을 하게 하는 것도 좋은 방법이 될 것 같습니다.

활기 있는 조직을 만들기 위한 여러 방법 중의 하나는 정기적인 팀 구조의 변화입니다. 업무 역할에도 변화를 줄 필요가 있으며, 변화 수용이 가능한 범위 내에서 구조 자체를 변경해나가는 것도 긍정적인 면이 있습니다. 특히 조직 구조에 대한 변화는 업무의 초심으로 돌아가는 새로운 업무 습관을 만드는 데 많은 도움이 됩니다.

12.
리더's 컬럼: 인재의 양극화

소득의 양극화는 사회적 이슈가 된 지 꽤 오래되었습니다. 최근 소득 자료에 의하면 한국 상위 10%의 소득이 전체 소득의 50% 정도를 차지하다고 합니다. 이 수치는 더욱더 커질 것 같습니다. 세계 불평등 보고서에 의하면 10%의 상위 소득자들이 전체 자산의 75%를 가지고 있다고 합니다. 이는 모든 선진국들이 공통으로 겪어왔던, 그리고 진행 중인 추세이기도 합니다.

이러한 양극화를 일자리로 한번 가져와보도록 하겠습니다. 우선 양극화를 설명하기 위해서는 일자리를 좀 구분해야 할 것 같습니다. 아무래도 전문직 종사자가 일반 단순노동자보다 소득이 높습니다. 그래서 고숙련 일자리, 중간 숙련 일자리, 저숙련 일자리로 나누어보겠습니다. 고숙련 일자리의 대표적인 예는 우리가 소위 말하는 의사, 변호사와 같은 전문직과 특정 기술을 가지고 있는 직업, 예를 들어 건축가, 프로그램 설계자, 데이터 분석가 등과 같이 준전문직도 포함될 수 있을 것 같습니다. 저숙련 노동자는 특별한 기술이나 경험 없이 할 수 있는 일들이 주를 이룹니다. 배달, 서빙, 청소 같은 일들이 여기 해당될 것 같습니다. 중간 숙련자의 대표적인 예는 일반 사무실 근무자, 일반 생산직, 단순 영업직 등이 해당될 수 있을 것 같습니다.

여기서 일자리의 양극화가 가속화된다는 말은 중간 숙련자가 없어진다는 말이 됩니다. 즉, 중간 숙련자의 일부분은 숙련 일자리로 옮겨 가고, 나머지는 저숙련 일자리로 옮겨 가게 됩니다. 오히려 준전문직 이상의 일자리는 많아지고 이들의 부는 계속 축적되며, 반대로 저숙련 일자리 또한 많아지는 상황이 발생하게 됩니다. 다만, 이들의 소득은 그리 높지 않을 것 같습니다.

왜 이런 상황이 발생할까요? 왜 중간 숙련 일자리가 없어지게 될까요? 그 이유 중 하나는 자동화인 것 같습니다. 가장 대표적이며, 노동의 상당한 비중을 차지하는 중간 숙련자인 일반 생산직은 기계 자동화에 상당한 영향을 받았습니다. 요즘 제조 업체의 공장을 보시면, 사람은 몇 명밖에 보이지 않고 전부 기계가 생산을 담당하고 있습니다. 아파트나 건설 현장을 보시면 몇 사람 보이지 않는

데, 건물은 순식간에 올라가는 모습을 자주 볼 수 있을 겁니다. 또한 많은 회사들을 보면, 사람이 일을 하는 것이 아니라 그 회사의 시스템이 일을 합니다. 대기업에서 사람 한두 명 빠진다고 일이 안 되지 않는 것은, 사람은 그 시스템의 파트 개념이기 때문입니다.

또한 AI의 고도화 부분은 우리가 이제 무시할 수 없는 수준이 되었습니다. 단순 반복적인 작업, 어느 정도 예외가 있다고 할지라도 그 범위를 추정할 수 있는 경우는 앞으로 AI가 많은 부분을 대체할 수 있을 것으로 예상합니다. 일반 사무실 노동자나 신입사원 등이 많은 영향을 받을 것 같습니다.

다만 저숙련 노동자 영역은 자동화나 AI가 오히려 어려울 수 있는 부분이 많습니다. 서빙이나 배달의 경우 기계나 AI가 하기에는 더 많은 비용이 들며, 쉽지 않은 영역입니다. 앞으로 더 많은 사람들이 이 부분으로 옮겨갈 것으로 예상되며, 사실 높은 소득을 기대하기는 어려울 것 같습니다. 미국 맥도날드는 IBM과 함께 야심차게 준비한 AI 오더링 시스템을 중단하기로 결정하였습니다. 여러 오류가 발생하는 바람에 결국 항상 사람이 필요하며, 오히려 영업에 방해가 된다는 것이 주된 이유였습니다. 오더링에 그렇게 많은 비용 투자를 한 것이 좋은 결정이었는지 의문이 듭니다.

보통 퇴직을 하게 되면 전문직 이상의 소득으로 생활할 수 있는 경우도 있겠으나, 현실은 보통 저숙련 노동자로 일을 하게 됩니다. AI나 자동화에 의해 결코 대체될 수 없는 사람만이 할 수 있는 영역, 일반직과 차별화될 수 있는 전문성 개발, 그리고 그러한 전문 영역을 하나가 아니라 몇 개로 확장해나가는 것이 30~40대의 주된 목표가 아닐까 합니다.

13.
리더's 컬럼: 넛지(Nudge)의 리더십?

넛지(Nudge)는 사전적으로 '팔꿈치로 살짝 찌르다'라는 의미를 가지고 있으며 미국의 행동경제학자인 리처드 세일러와 법률가 캐스 선스타인이 집필하여 2006년 출간된 책 『넛지(Nudge)』를 통해 널리 알려지기 시작하였습니다. 특히 그의 저서와 행동경제학에 대한 공로로 인해 리처드는 2017년 노벨경제학상을 수상하였습니다.

넛지(Nudge)는 강요나 강압 없이 옆구리를 꾹 찌르는 것처럼 부드러운 개입으로 사람들의 올바른 선택을 유도하는 방법을 뜻합니다. 책에서 몇 가지 대표적인 사례를 소개하고 있습니다.

첫째, 남성분들은 많이 접하겠지만 화장실에 보면 파리 스티커 한 마리가 변기에 있는 경우가 종종 있습니다. 해당 스티커만으로 소변이 튀지 않게 하는 데 70%이상의 효과를 거둔다고 합니다. 100번의 안내문보다 스티커 하나가 훨씬 좋은 효과를 보여주고 있습니다.

둘째, 도로에서 곡선 구간을 운행할 때 도로에 가로로 약간의 선을 그어 진동 혹은 소음을 유발하는 경우를 많이 접했을 것 같습니다. 혹은 세로로 홈을 파는 경우도 있습니다. 보통 위험 구간에 있어 그 어떠한 경고문보다 해당 방법이 효율적이라고 합니다. 운전자로 하여금 본인의 속도가 빠르다는 착각을 하게 되어 자연스럽게 속도를 줄이게 된다고 합니다.

셋째, 미국 텍사스에서는 각종 쓰레기로 골머리를 앓아왔습니다. 큰 금액을 들인 캠페인을 통해 '시민 의식'을 강조하였습니다. 하지만 큰 소용이 없어, 텍사스 미식축구 선수들을 활용하여 광고를 찍게 되었습니다. 축구 선수들이 캔을 찌그러뜨리며 "텍사스를 더럽히지 마라" 하는 광고 문구였는데요, 텍사스인들의 주 사랑과 자부심을 건드리는 광고로 70% 이상의 쓰레기 절감 광고 효과가 있었다고 합니다.

넛지(Nudge)라는 용어를 생각하면서 이를 리더십에 응용하면 어떨까 하는 생각을 해보았습니다. '사람들이 배를 만들게 하려면 배를 타고 멋지게 항해하는 모습을 이야기하라'라는 말이 있습니다.

결국 동기 부여가 넛지(Nudge)의 가장 좋은 예가 되지 않을까 합니다. 예를 들어, "일 좀 열심히 해라"보다 어떤 좋은 경력개발을 통해 미래의 높은 연봉 등에 대해 이야기하는 것이 좋다는 의미입니다.

두 번째는 경청과 조언을 들 수 있을 것 같습니다. 리더란 조직을 이끄는 사람임과 동시에 '조직에 서비스' 하는 사람입니다. 직원들이 어떤 강요나 명령보다는 본인이 팀장 혹은 부서장으로부터 어떤 서비스를 받고 있다는 느낌을 갖도록 하는 것이 좋을 것 같습니다. 우리가 호텔에 비싼 돈을 주고 묵는 데는 좋은 서비스를 받음으로써 얻는 행복도 큰 것 같습니다. 관심, 코칭, 가이드 등 모든 것들이 넛지(Nudge)의 좋은 예가 될 수 있을 것 같습니다.

언제부터인지는 모르겠지만, 메일을 적을 때 직급을 떠나 가급적 '님'을 붙이려고 하고 있습니다. '대리님'에게 메일을 적을 때 '아무개 대리'로 시작하는 메일과 '아무개 대리님'으로 시작하는 메일은 전체적인 톤이 완전히 달라져 있습니다. '님'이 없는 문장은 지시나 명령의 톤으로 흘러가기 쉽지만 '님'으로 메일을 시작하는 경우 부탁, 존중, 이해 등의 톤이 자연스럽게 들어가게 됩니다.

훌륭한 리더분들이 본인을 존경 혹은 존중해달라고 하는 경우는 없습니다. 존경과 존중은 상대방의 마음이며, 우리의 의지가 아닙니다. 오늘 넛지(Nudge)개념을 실생활에서 잘 활용해보는 것도 상대방으로부터 존중과 존경을 받는 여러 요인들 중 하나가 될 수 있을 것 같습니다.

리더란 타고나는 것일까요? 아니면 만들어지는 것일까요?
아래에 자신의 생각을 적어봅시다.